KB003353

히든 챔피언

HIDDEN
히든 챔피언
CHAMP!ON

메이크샵에서 몰테일까지

– 이승환 지음 –

앱북스

MakeShop®
004
결

김기록 대표의 변

서문
부딪치고 깨지면서 성장한 코센

메이크샵은 화장품 회사?

명절이면 코리아센터닷컴 직원들은 으레 친인척에게 호기심 어린 질문을 받는다.

"너, 공공기관에 취업했니?"

해외에는 정말로 같은 이름의 기관이 몇 개쯤 있다. 코리아센터닷컴이라는 이름은 누가 봐도 세련되기 보다는 투박한 쪽에 가깝다. 회사에서도 김기록 대표를 제외한 모두가 촌스럽다고 생각할 것이다. 대체 왜 이런 이름이 탄생하게 된 걸까. 그것은 어릴 때부터 무역에 욕심이 많았던 김기록 대표가 세계 무역의 중심이 되겠다는 야무진 꿈을 사명에 그대로 박아서다.

곤혹스럽게도 현재 회사를 코리아센터닷컴이라고 부르는 사람은 별로 없다. 몇 가지 이유에서 말이다. 우선 명함을 건넬 때 무얼 하는 회사인지 설명하기가 힘들다. 나는 이 글을 읽는 독자가 혹여 '코리아센터닷컴'이라는 이름에서 국정원을 떠올릴까 걱정스럽다. 긴데다 발음하기가 불편한 이름이기도 하다. 주변에 일곱 글자 이름의 회사라야 삼성엔지니어링, 두산인프라코어 정도인데 그나마 이들은 발음하기라도 좋지만 코리아센터닷컴은 영 아니다.

직원들이 이 불편을 고스란히 감수할 리 없다. 그들은 코리아센터닷컴을 뒤로 밀어두고 메이크샵, 몰테일 등 담당서비스를 앞으로 쓱 들이민다. 너무 무료하고 심심한 나머지 코리아센터닷컴에 장난전화라도 걸면 아마 "안녕하십니까, 메이크샵 ○○○입니다."라는 멘트를 들을 수 있을 것이다. 하긴 메이크샵에 다닌다고 해도 명절에 친인척에게 듣는 질문은 거기서 거기다.

"너, 화장품 회사에 취업했니?"

그런데 이 질문에 아니라고 딱 잡아떼기도 좀 뭐하다. 코리아센터닷컴의 입에 처음 밥을 넣어준 제품이 향수였기 때문이다. 당시 김기록 대표는 투잡이 금지된 S사에 다니고 있음에도 불구 간크게도 향수 쇼핑몰을 운영했다. 우악스러운 외모에 걸맞지 않은 그 섬세한 감성이 대체 어디에서 나왔는지, 그의 향수 쇼핑몰은 상당한 인기를 끌었다. 주말마다 그가 두툼하고 거친 손으로 상품을 섬세하게 포장해 배송하던 향수 쇼핑몰은 이제 직원 300명 규모(자회사 포함 500명)의 코리아센터닷컴(아, 나도 일곱 글자를 타이핑하기가 귀찮다. 앞으로 회사명은 그냥 '코센'으로 하겠다)으로 변신했다.

코센의 주요 서비스로는 메이크샵과 몰테일이 있는데, 메이크
샵은 쇼핑몰 구축 관리 솔루션이고 몰테일은 배송대행 서비스다. 쉽
게, 쉽게 가자고? 좋다.

메이크샵은 몇 번의 클릭으로 쇼핑몰을 쉽게 구축하고 판매, 재
고 등을 편리하게 관리하도록 돕는다. 최근에는 창업 지원 및 교육, 컨
설팅도 진행하고 있다. 이참에 홍보 좀 하자. 메이크샵은 2014년 현재
매출액 기준 국내 최대 쇼핑몰 솔루션이다. 메이크샵을 통해 쇼핑몰을
연 사람이 무려 1만 5천 명에 달하고, 여기에서 연간 수십억 건의 거래
가 이뤄지고 있다.

몰테일은 해외 사이트에서 쉽고 안전하게 물건을 직접 구매하
도록 해주는 서비스다. 해외 제품 중에는 한국에서 수입하지 않는 것도
있고 수입을 하더라도 해외에서 살 때보다 비싼 것도 많다. 몰테일은
바로 이런 제품을 해외에서 싸게 직접 구매할 수 있도록 도와준다. 그
리고 소위 말하는 '직구'라는 단어가 몰테일에 의해 일상 용어로 자리잡
았다 해도 과한 표현이 아니다. 심지어 제품이 파손되면 몰테일에서 전
액 보상을 해준다. 5년 만에 급속도로 성장해 수백만 건의 제품을 취급
하는 몰테일은 2013년 기준 직원이 200명에 이르고 연매출이 500억 원
에 달한다.

지난 15년간 국내 IT산업 규모는 빠르게 팽창했고 그중 일부는
글로벌기업으로 성장했다. 가령 넥슨은 한때 시가총액이 8조 원에 육
박했다. 언젠가 이명박 전 대통령은 IT계를 향해 "닌텐도 같은 거 하나

만들어보라."고 주문했는데, 현재 넥슨의 시가총액은 닌텐도보다 높다. 또한 본사 직원만 해도 2,500명이 넘는 NHN은 이미 시가총액이 20조 원을 넘어섰다. 그들이 내놓은 모바일 메신저 라인은 일본과 대만을 중심으로 1억 명 이상의 사용자를 확보했을 정도다.

아쉽게도 코센은 넥슨이나 NHN만큼 거대기업이 아니다. 그리고 매출 혹은 영업이익이 상당히 높은 회사도 아니다. 그러니 이 책에서 성공서에 흔히 등장하는 성공 스토리를 찾아볼 생각은 하지 마시라. 그 숱한 자기계발서에 질릴 만큼 등장하는 '지위에 따른 리더십', '직장인의 자기계발', '중요한 건 야근이 아니라 실적' 같은 이야기 역시 이 책에 나오지 않는다. 뭐, 가끔 나올 수도 있지만 넓은 아량으로 용서해주시길…….

이 책은 두 가지 이야기를 다룬다.

하나는 컨테이너 안에 책상을 놓고 일하던 벤처기업이 15년 만에 중견기업이 되기까지의 '성장기'다. 인사팀에서 회사 내의 운영 여건 및 최적화된 업무 환경을 위해 직원수를 늘리지 않기 위해 노력했지만 회사 규모가 크는 걸 막을 수는 없었다. 그리고 코센을 만들어온 사람들은 NHN이나 넥슨의 엘리트들과는 좀 거리가 있다. 사업을 이만큼 키워온 사람들을 평범하다고 말하기도 힘들지만, 그들은 현재 IT 대기업을 이끄는 서울대-KAIST 라인도, 공대 베이스도 아니다. 이들이 맞서온 숱한 문제는 '평범한 사람'이 겪는 '평범한 문제'였다. 아마 독자들은 이 책을 읽으면서 사람 사는 건 다 비슷하다는 걸 알게 될 것이다.

다른 하나는 새로운 사업모델이 성공적으로 자리 잡는 과정이다. 코센의 성공을 뒷받침한 것은 사람들이 마르고 닳도록 추앙하는 혁신의 단골메뉴, 즉 '발상의 전환'이다. 그렇지만 코센이 이뤄낸 사업은 논리적이지도 않고 기획 의도를 직선으로 따른 결과물도 아니다. 그 저울추는 우연 쪽으로 더 기울고 혁신이라기보다 오히려 개선의 결과에 가깝다.

성공요인? 그런 건 없다. 우린 여전히 사업이 왜 성공했는지 알지 못한다. 나도, 우리 회사의 이사나 대표도 모른다. 난 그저 이 책에 담긴 코센의 비즈니스 분투기가 누군가에게 통찰력을 줄 수 있기를 바랄 뿐이다. 이런 돌직구는 좀 민망하지만 이건 정말 알차고 좋은 책이다. 그러니 서점에서 이 책을 들고 대충 넘겨보고 있는 독자는 꼭 구입하기 바란다(내 햄스터가 간신히 굶주림만 면할 만큼 먹고사는 게 힘들다).

성공 뒤에 두 배의 위기가 반복되다

민망함을 조금이라도 희석시키고자 책에 담긴 회사 스토리에 대해 간략한 팁을 제공할까 한다.

간단히 말해 코센은 98년 10월 김기록 대표와 임성진 개발이사가 의기투합한 생산물이다. 한데 김기록 대표가 몸담고 있던 직장에서 사직서가 반려되면서 4개월간 임성진 개발이사 혼자 회사를 운영했고, 99년 2월에야 회사에 대표가 들어오는 이상한 형태로 출발했다. 당시 회사의 주된 업무는 김기록 대표가 운영하던 향수 쇼핑몰 관리였다.

대표도 없는 회사에서 임성진 개발이사는 향수 쇼핑몰 개편에 들어갔다. 그가 한 주요 작업은 UI(User Interface: 사용자가 좀 더 편리하게 사용하도록 환경을 제공하는 설계개편)이었다. 일렬로 늘어선 향수를 요즘 쇼핑몰처럼 타일 식으로 배열하고, 여러 번 클릭해야 장바구니에 담을 수 있던 것을 한 번의 클릭으로 가능하도록 틀을 바꿨다는 얘기다. 이 사소한 개편으로 채 6개월도 되지 않아 매출이 10배 가까이 상승했다.

간신히 전 직장에서 퇴사한 김기록 대표는 그제야 쇼핑몰 UI의 중요성을 깨닫고 한 대 얻어맞은 듯한 충격을 받았다. 내친김에 그는 쇼핑몰을 쉽게 만들고 저렴하게 관리할 수 있는 솔루션을 만들어 팔자고 주장했다. 그렇게 해서 세상에 신고식을 치른 서비스가 메이크샵이다. 메이크샵을 사용하면 코센의 향수 쇼핑몰 같은 사이트를 손쉽게 구축할 수 있었다.

코센은 대박의 꿈에 부풀었다!

그런데 아쉽게도 꿈은 허당이었다. 현실은 뒤통수로 모자란지 앞통수, 옆통수까지 치며 계속 밀려들었고 그날부터 코센은 가시밭길에서 허둥댔다. 메이크샵 서비스는 대박은커녕 쪽박이라도 안겨줄 듯 비용 부담만 가중시켰다. 그리고 서비스 사용자가 늘어나자 서버가 과부하에 걸려 종종 접속 불능 상태에 빠지기 일쑤였다. 어떻게든 살아남기 위해 직원끼리 연대보증까지 서며 대출을 받았지만 간신히 2천만 원 정도를 빌렸을 뿐이다. 설상가상으로 투자를 약속한 VC(Venture

Capitalist: 벤처투자자. 엔젤투자자라고도 한다)마저 약속을 깨뜨리면서 코센은 더욱더 코너로 몰리고 말았다.

위기는 국내에서 끝나지 않았다.

국내에서 겨우 밥은 먹고 살겠다 싶던 2003년 코센은 과감하게 일본 진출을 단행했다. 사내에 일본어를 아는 사람이 한 명도 없는 상황에서 일단 지르고 본 돌격이었다. 아무런 연고도 없는 섬나라에서 코센의 존재감은 허공에 그린 그림 같았고, 코센과 함께하려는 일본 업체는 없었다. 한국에서는 그래도 기술력과 아이디어를 실현한 회사로 자리매김했지만, 일본에서는 '기업'이라는 이름을 붙이기도 초라할 지경이었다.

그렇다고 코센의 돌격대장 기질이 여기서 멈춘 것은 아니다. 2006년 코센은 미국에 진출했고 이때 집채만 한 위기의 파도가 덮쳤다. LA 근교에 건물까지 매입해놓고 성공에 대한 열망을 불태웠지만, 야속하게도 리먼 브러더스 사태로 알려진 금융위기가 터지고 말았다. 기껏 사둔 건물의 자산가치는 급락했고 임대수익을 올리거나 대출을 받기도 힘든 상황으로 내몰렸다.

그러나 일본과 미국에서 얻어맞은 강펀치의 상처는 워밍업에 불과했다. 인구 15억(공식적인 인구는 대략 13억이 넘는 것으로 집계되나 여기서의 수치는 공식적 집계 외 인구까지 포함한 것이다)이라는 숫자에 홀려 진출한 중국에서 5년간 진행한 사업은 모두 실패했고, 그 적자폭이 마치 지진이라도 난 듯 갈수록 쩍쩍 늘어났다.

그래도 이제 와서라도 이런 말을 하게 되어 정말 다행스럽다.

코센은 살아남았고 또 성장했다. 김기록 대표와 임성진 개발이사가 컨테이너 사무실에서 시작한 회사는 이제 자회사 포함 500명의 직원을 거느린 회사가 되었다. 더불어 쓴 소주로 가득하던 소형 냉장고는 각종 음료가 들어찬 대형 냉장고 여섯 대로 바뀌었고, 코센 소유의 식당도 두 개나 생겼다. 싸구려 커피믹스 역시 고급 드립머신으로 바뀌었다.

　　위기를 겪지 않고 성장하는 회사는 없다. 허나 코센은 성공 기업의 조건을 다룬 톰 피터스의 메가톤급 베스트셀러 《초우량 기업의 조건》이 주장하는 조건에서 한참이나 벗어난 회사다(하긴 《초우량 기업의 조건》에 등장한 기업들이 줄줄이 위기를 맞이하는 게 아이러니하기는 하다).

초우량 기업의 조건	코센의 현실
모순을 관리하라.	모순이 뭔지 잘 모른다.
철저하게 실행하라.	속도는 빠른데 좀 어설퍼서 오류가 잦다.
고객에게 밀착하라.	여덟 개 항목 중 유일하게 잘 지키는 항목이다.
자율성과 기업가 정신을 가져라.	어느 회사나 그렇듯 기업가 정신보다 회사원 정신이 투철하다.
가치에 근거해 실천하라.	대표이사는 일반 경영서에 나올 법한 정형화된 가치나 비전에 관심 없다.
핵심 사업에 집중하라.	재벌도 아니면서 문어발식 사업을 즐긴다.
조직을 단순화하라.	한 팀당 팀원이 평균 4명이 안 될 정도로 복잡하다.
엄격함과 온건함을 지녀라.	대표이사의 기분은 매일같이 널뛰기다.

기획서가 없는 회사

코센은 그다지 탄탄하게 계획을 짜지도 않았고 실행 과정도 철저함과는 거리가 멀었다. 그렇다고 마케팅과 영업에 강했던 것도 아니다. 물론 꿈은 있었지만 시야가 좁아 일단 일을 저질러놓고 뒷수습을 하느라 늘 정신이 없었다. 이런 회사가 어떻게 그토록 돈 벌기 힘들다는 IT업계에서 매년 평균매출액 20퍼센트 이상의 성장을 이뤄냈느냐고? 김기록 대표의 대답은 간단하다.

"운이 좋았어요."

참 얄밉고도 허망한 말이다. 이 책이 타로카드 설명서도 아니고 벌써부터 판매량 떨어지는 소리가 들리는 것만 같다. 하긴 아예 틀린 말은 아니다. 살아남기도 힘든 그 정글에서 운 없이 어찌 성공하겠는가. 구글도 애플도 삼성도 운이 좋았을 거다. 한국의 2002년 월드컵 4강도, 베이징올림픽 야구 우승도 운 없이는 불가능하지 않았을까. 그러나 운은 딱 '한 방' 지르는 데만 유효하다. 운만으로 성공을 지속적으로 이어가기란 불가능하다. 행운의 여신이 좀 변덕스러운가. 물론 미국 버지니아 주에서 태어난 삼림 경비원 로이 설리반은 벼락을 일곱 번 맞고 살아나는 강운을 보여줬지만 그건 아주 희박한 케이스다. 어찌 보면 일곱 번 벼락을 맞았는데 그걸 과연 운이 좋은 거라고 봐야 하는지 아리송하다.

코센은 어떻게 여기까지 오게 되었을까? 이유를 꼽자면 많다. 끈기, 긍정적 사고, 고객지향 마인드, 수평적 관계, 그밖에 어쩌고저쩌고. 아, 사방에서 수군거리는 소리가 들려오는 듯하다. 일반 경영서에 다 나오는 걸 늘어놓을 필요는 없다고? 이 책을 내려놓고 다른 책을 사야겠다고? 부디 마음을 고쳐먹기를. 앞에 늘어놓은 이유는 웬만큼 성공한 기업이라면 다 해당된다. 단, 그처럼 좋은 자세와 마인드를 갖고도 실패하는 기업이 넘쳐난다는 것도 기억해야 한다.

코센 경영에는 그 나름대로 특징이 있다.

첫째, 실행이 곧 시장조사를 의미한다. 코센은 시장조사를 그다지 대접하지 않는다. 남들이 기획서를 작성하면서 어떤 전술로 전략적 목표를 달성할지 고민하는 동안, 코센은 가능한 전술을 동원해 벌써 '행동'에 들어간다. 미래 예측에 따라 다양한 시나리오를 짜기보다 우선 최소한으로 할 수 있는 일을 하면서 시장이 어떤지 몸으로 부딪쳐 하나하나 알아간다.

둘째, 시행착오를 통해 사업모델을 구축한다. 즉, 시행착오를 줄이려 기 쓰지 않는다. 코센의 관점에서 '좋은 사업모델'이란 잘 짜인 모델이 아니다. 잘 짜인 모델에 얽매이면 시나리오대로 흘러가지 않을 때 오히려 출구를 찾기가 힘들다. 알고 있다시피 시장이란 녀석은 얼마나 다변적인가. 코센은 열심히 기획해봐야 그대로 실행하기는 어렵다는 현실을 인정하고 상황과 환경에 맞춰 사업모델을 변화시킨다.

마지막으로 첫째와 둘째 과정을 '최대한' 반복하면서 계속 신사업에 진출한다. 신사업에 진출하는 것은 불안정성이 높기 때문에 많은 회사가 굉장히 꺼리는 일이다. 그러나 코센은 '작게 시작해서 오래 버티는' 요령을 부린다. 일단 소규모로 시작해 가능성이 보이면 비용을 투입해서 성장을 부추긴다. 이때 중점은 '길게 가는 것', 즉 '철수하지 않는 데' 있다. 역설적이게도 코센은 철수하지 않기 위해 작게 시작한다. 어떻게든 사업을 살려두면 또 다른 기회를 잡을 수 있기 때문이다.

정상적인 기업	비정상적인 기업, 코센
착실한 시장조사 후에 기획서를 작성한다.	실행이 곧 기획이다. 일을 하면서 시장을 몸으로 느낀다.
기획서에 따라 체계적으로 사업을 진행한다.	일을 진행하며 상황과 환경에 맞게 적응 혹은 진화한다.
매몰비용을 고려해 이익이 나지 않으면 철수한다.	비용을 최소화하고 일단 버티면서 기회를 모색한다.

덕분에 2013년 기준으로 코센이 운영 중인 서비스는 50개가 넘는다. 양심적으로 고백하자면 그중 제대로 운영되는 서비스는 절반 정도고 나머지는 사실상 손을 놓고 있다. 물론 지금 운영하는 서비스 중에서도 일부는 어느 순간 사라질 것이다. 반면 그 과정에서 일부 신사업은 메이크샵처럼 업계 선두로 혹은 몰테일처럼 글로벌 서비스로 자리 잡을지도 모른다.

내가 여기서 기획서 없는 경영, 무한확장 경영을 올바른 방법이라고 단언할 생각은 없다. 코센은 이제 겨우 15년을 살아온 기업이다. 여기까지는 운이 좋았을 수도 있고 코센의 방식이 앞으로도 계속 성공을 거두리라는 보장은 없다.

어쨌든 우리는 코센만의 방식을 고수했고 살아남았다. 우리가 좌충우돌해온 그 과정을 바라보는 것은 책값 이상의 값어치가 있을 것이다. 그래도 돈이 아깝다면 인터넷 서점에서 10퍼센트 할인에 적립까지 받는 것도 고려해볼 만하다. 한번 진지하게 생각해보라.

이승환 우선 책을 쓰게 됐으니 책에 대해 좀 이야기 해보겠습니다.

김기록 이런 건 술을 마시면서 해야지. 그런데 갑자기 책은 왜 쓰려고?

이승환 뭐, 저야 위에서 시키니까 하는 일이긴 합니다만, 《오케이 아웃도어닷컴에 OK는 없다》라는 책이 제대로 팔리면서 회사 홍보가 쏠쏠했죠.

김기록 그 책 내용이 뭐야?

이승환 '이렇게 하면 성공한다' 뭐 그런 얘기…….

김기록 그럼 우리도 우리처럼 하면 성공한다고 써야 하나?

이승환 그렇게 하면 망할 걸요.

김기록 ……

이승환 뭐, 꼭 그렇다는 건 아니고…….

김기록 어쨌든 난 그런 건 싫고, 우리 이야기를 솔직하게 말하는 건 찬성. '우리가 이렇게 해서 성공했으니 너네도 이렇게 하면 될 거야'가 아니라, '우리는 이렇게 해왔으니까 너네도 참조해 봐' 정도라면 괜찮지 않을까?

이승환 근데 우린 어떻게 성공했죠?

김기록	글쎄? 성공하기는 했나?
이승환	우리 회사의 비전이 뭐죠?
김기록	난 잘 모르겠다. 최 이사한테 물어봐.
이승환	그런건 보통 대표이사가…….
김기록	……
이승환	좀 제대로…….
김기록	넌 비전이 뭐냐?
이승환	에? 전 '잘리지는 말자'죠.
김기록	그럼 난 '망하지는 말자'로 해야겠네.
이승환	……
김기록	……
이승환	그래도 요즘엔 멘토가 열풍이니까 멘토답게 한 말씀 부탁드립니다.
김기록	굳이 말하자면 진짜 긍정적이어야 하는 건 맞아. 우리가 일할 때 한 번도 우리 생각대로 된 적이 없거든. 근데 처한 상황이 부정적이라고 해서 부정적으로 생각하진 않았어.
이승환	그렇게 재미없는 얘기는 하시지 말고요. 책 안 팔려요.
김기록	……
이승환	좀 제대로 된 성공요인을 얘기해 주세요.
김기록	글쎄, 운이 좋기도 했고 흐름을 잘 읽기도 했지. 남들이 눈앞에 놓인 것만 보고 당장의 돈벌이를 생각할 때, 우리는 무료화나 쇼핑몰 회원 커뮤니티 같은 새로운 걸 많이

시도했으니까.

이승환   자랑하지 않겠다더니 벌써 자기자랑이네요.

김기록   아무튼 우리 회사의 강점은 '적응력'이라고 생각해. 남들처럼 눈치를 보기보다 일단 저지르고 그 결과에 맞춰 계속 기회를 찾는 거지.

이승환   좋습니다. 그럼 이 책의 제목을 '적응경영'으로 하죠!

김기록   한데 딱히 잘 적응했는지 모호한 게 그 과정에서 실패한 것도 많거든. 망한 사업이 잘된 사업보다 훨씬 많아. 그냥 잘된 거 몇 개가 나머지를 다 커버해준 거라…….

이승환   그렇다면 그 성공한 몇몇 서비스에서 성공코드를 찾아야겠군요.

김기록   찾으면 찾을 수도 있지. 근데 그 코드를 그대로 쓰고도 망할 것들은 망해버렸어.

이승환   그러면 제목을 그냥 현진건의 '운수 좋은 날'로…….

김기록   다른 건 모르겠고……, 네가 잘 포장해 봐. 난 모르겠다.

이승환   아, 정말 있는 그대로 써도 됩니까?

김기록   그럼.

이승환   정말요?

김기록   그러니까 적당히 윤색해서……, 그런데 이 책 누가 사냐?

이승환   직원 500명이랑 앞으로 들어올 신입사원이죠.

김기록   ……

이승환   ……

MakeShop®
001

메이크샵의 시작

네 시작은 미약하였으나
네 나중은 심히 창대하리라.

— 성경 욥기 8장 7절 —

냄새나는 사내들의
향수 쇼핑몰 분투기

0.3퍼센트

    냄새나는 자취방, 대학생 김기록 대표는 드디어 인터넷 전용선을 깔았다고 좋아하고 있었다. 그간 엄청난 전화비를 쏟아 부어야 했던 인터넷을 월 3만 원에 사용하게 됐으니 그럴 만도 했다. 이제 전 세계 사이트에서 야한 사진을 다운받는 건 일도 아닐 테고 각종 해외소식에도 실시간 접속이 가능할 터였다. 그때 그는 어떤 심정이었을까.

    "코딱지만 한 자취방에서 전 세계를 접수한 거나 마찬가지였죠. 그냥 하는 말이 아니라 인터넷이 있고 없고는 마차를 끄는 것과 벤츠를 모는 것의 차이라고 할 수 있지요."

    물론 이전에도 인터넷은 있었지만 '상시' 접속 인터넷과 필요할 때마다 접속하는 인터넷은 천지차이였다. 마치 스마트폰으로 24시간 내내 인터넷에 접속할 수 있는 환경이 이전과는 말도 안 되게 다르듯.

94년에는 인터넷을 활용하는 사람이 극소수에 불과했다. 자료를 찾으니 94년 통계는 아예 나오지도 않았다. 전문 조사기관 닐슨 컴퍼니에 따르면 95년에야 비로소 전 세계 0.4퍼센트의 인구가 인터넷을 활용했다고 한다. 그러니 94년은 대충 0.3퍼센트라고 해두자.

그 0.3퍼센트에 속하는 김기록 대표가 당시 꿈꾼 것은 원래 IT산업이 아니었다. 애초에 그는 무역업에 꿈을 두고 있었다. 그가 대학을 졸업하던 95년만 해도 IT산업, 그중에서도 인터넷산업은 거의 존재하지도 않았다. 사업은 하고 싶고 돈은 없는, 속절없이 야망만 빵빵한 젊은이에게 무역은 가장 좋은 사업 소재였다.

90년대 중반 정주영 전 현대회장, 김우중 전 대우회장, 이명박 전 대통령의 해외 개척기를 담은 책은 초베스트셀러로 떠올랐고 이글거리는 야망에 이끌린 많은 젊은이가 흔히 '오퍼상'이라 불리는 소규모 무역업에 진출했다. 당시 '벤처'라는 말은 존재하지도 않았다.

6개월 시한부 회사가 5년이 되기까지

1995년, 달랑 졸업장 한 장을 손에 쥔 김기록 대표는 취업을 결심했다. 계획대로라면 어엿한 무역상이 되어야 했지만 막상 사업을 하려니 사회 초년병의 얄궂은 오기가 발동했다. 기업 세계를 들여다보고 싶은 욕심이 일었던 것이다. 박박 기는 군대에서도 배우는 게 있는데 기업에서는 또 얼마나 많은 것을 배울 수 있을까 하는 생각도 있었다.

'좋아, 딱 6개월만 회사생활을 해보자. 샐러리맨의 쳇바퀴를 한 번쯤은 돌려봐야 하지 않겠어?'

지금의 대졸자가 들으면 배 아파 죽을지도 모르겠지만 그 무렵 대한민국은 최고의 호황기를 누리고 있었다. 85년 2천 달러에 불과하던 1인당 GDP국내총생산는 1만 달러를 넘었고 산업마다 성장가도를 달리느라 여념이 없었다. 당연히 기업들은 '인재! 인재!'를 외치며 국내외를 가릴 것 없이 인재 찾기에 열과 성을 쏟았다. '취업난'이라는 단어는 존재하지도 않았다. 소위 명문대 졸업자는 그저 과 사무실에 가서 기업들의 추천서를 받아 적당히 입사원서를 쓰면 그만이었다. 그러면 적어도 서너 곳의 대기업에 합격하는 게 당시에 볼 수 있던 일상적인 풍경이었다.

취업에 그다지 마음이 없던 김기록 대표는 과 사무실에 가장 늦게 찾아갔다. 남아 있는 추천서는 딱 한 장밖에 없었다. 카드사였다. 어차피 6개월만 일하고 그만둘 회사인지라 어딜 가든 상관없었다. 그는 이력서를 썼고 입사에 성공했다. 막상 회사에 들어가니 한 달간 교육을 받은 뒤 일을 배우느라 6개월이 후딱 지나가고 말았다. 이왕 6개월을 다닌 거, 1년을 채우자는 생각에 6개월을 더 군소리 없이 다녔다.

그렇게 1년을 채웠을 때 느닷없이 본점에서 지점으로 발령이 났다. 신입사원이 패기 있고 사교적이라 영업에 잘 어울린다는 이유에서였다(술을 좋아한다는 얘기다).

이유야 어찌됐든 그 나름대로 인정을 받았다는 자부심도 있었고 또 새로운 일에 대한 호기심도 일어 1년을 더 있기로 했다. 더구나 지점은 영업 위주라 술을 좋아하는 그가 1년쯤 거뜬하게 버티는 것은 일도 아니었다.

2년 뒤 사직서를 어떻게 쓸지 고민하던 중 다시 신사업팀으로 발령이 났다. 마침 사업에는 경험이 중요하다고 생각하던 차에 신사업을 맡게 되니, 1년 정도 더 있는 것도 나쁘지 않겠다는 생각이 들었다. 다행히 신사업은 그의 체질에 잘 맞았고 회사생활은 즐거웠다. 당시 회사생활 3년 중 그 어느 때보다 바쁘고 즐거운 하루하루가 이어졌다.

그러다가 전 국민을 멘붕에 빠뜨린 IMF 외환위기가 터지고 말았다. 이젠 나가고 싶어도 갈 곳이 없었다. 그런 상황에서 김기록 대표는 퇴사를 결정했다. 마침 외환위기를 맞아 회사에서는 구조조정을 실시했고 퇴직금도 평소보다 더 얹어주었다. 하지만 회사에서 김기록 대표의 퇴사를 뜯어말렸다. 일자리가 없어서 신입사원을 뽑지 않을 정도로 경기가 얼어붙은 마당에 나가서 뭘 하겠느냐는 것이었다. 모두가 언제 떨어질지 모르는 포스트잇 같은 신세이면서도 회사에 붙어 있으려 기 쓰던 상황이라 김기록 대표의 결정은 무모해 보일 만했다.

아무리 배짱이 두둑한 젊은이라도 두려움이 없을 리 없다. 그래도 그는 퇴사를 밀어붙였다. 힘들 때 퇴사를 감행할 정신이라면 무엇이든 할 수 있을 것 같았고, 반대로 거기서 주저앉으면 평생 회사에 얽매여 살아갈 것 같았기 때문이다. 이미 본사, 지점, 신사업을 1년씩 경험하면서 두루 자신감을 쌓지 않았던가.

그런데 사표가 수리되기 직전, 회사는 다시 그를 꽁꽁 묶어버렸다.

"회사 선배 한 명이 대출을 받는데 보증을 서달라고 하더군요. 그때 선배가 1,000만 원까지는 신용대출이 되는데 한도를 1,500만 원으로 늘리면 보증이 필요하다고 하더라고요. 친한 선배고 500만 원이면 큰돈도 아니라서 보증을 서줬죠. 한데 알고 보니 그것은 500만 원에 대한 보증이 아니라 1,500만 원에 대한 보증이더군요. 더구나 나뿐만이 아니라 회사 동료 여러 명에게 같은 수법을 썼고요. 다들 이를 갈았지요."

억울해도 당한 놈이 뒤집어써야 하는 게 정글의 법칙이 아닌가. 어떻게든 돈을 갚아야 했다. 신용불량자가 되면 당장 카드사에서 해직당할 판이라 어쩔 수 없이 돈을 빌려 돈을 갚는 신세로 전락하고 말았다. 보험을 담보로 잡히고 여기저기에 굽실대며 사정한 끝에 간신히 1,000만 원을 빌릴 수 있었다. 아, 그 돈을 모으려면 2년을 더 회사에 붙잡혀 있어야 했다.

스타크래프트가 준 깨달음

김기록 대표는 회사가 지긋지긋했다. 당최 동기부여가 되지 않았기 때문이다. 빚이 줄어든다는 생각보다는 사기를 당했다는 자책감과 빚을 갚기 위해 회사에 남아 있다는 사실에 짜증이 올라왔다. 신사업도 1년을 넘어서니 신사업이 아니라 하던 일을 반복하는 것뿐이었다. 그러던 중 그는 느닷없이 생뚱맞은 것에 마음을 쏟기 시작했다. 이름하여 스타크래프트!

1998년 수많은 사람이 IMF의 주먹에 정통으로 얻어맞아 비틀거리던 와중에 PC방 주인들은 신수가 훤해졌다. 동네에는 골목마다 PC방이 들어섰고 컴맹을 제외한 전 국민이 스타크래프트의 열기에 휩쓸렸다. '스타 폐인'이라는 신조어가 등장하고 이어 프로게이머라는 신종 직업이 탄생하기까지는 긴 시간이 필요치 않았다.

대학가를 강타한 스타크래프트 열풍은 에두를 것도 없이 곧장 30대에게로 옮겨갔다. 젊은 남자직원들은 퇴근하자마자 스타크래프트를 하기 위해 죄다 PC방으로 달려갔다. 김기록 대표도 그중 한 사람이었다. 그는 주위 사람들과 길드(같은 게임을 즐기는 사람들끼리 모여 만든 단체)를 결성해 매일 밤 PC방에서 다른 길드와 스타크래프트 대전을 펼쳤다. 나중에는 상대 길드원들과도 친해져 게임비와 술값을 걸고 내기 게임도 하게 됐다. 그러던 중 몇몇 소프트웨어 제작사 직원들과 친해지면서 자주 술자리를 함께했다. 기술에 밝은 소프트웨어 개발자들과 트렌드에 밝은 김기록 대표는 금방 끈적끈적한 술친구가 되었다.

김기록 우리 매일 이렇게 PC방에 돈 낭비하지 말고 아예 PC방을 차리면 어떨까요?

개발자 돈이 있어야 PC방을 차리죠. 장사를 하려면 그래도 몇천은 있어야 하는데.

김기록	대출받아 차리고 나중에 갚으면 되지 않을까요? 요즘처럼 PC방이 장사가 잘되면 돈은 금방 모을 것 같은데.
개발자	지금이야 잘되지만 PC방이 너무 많이 생기고 있고, 스타크래프트가 언제까지 갈지도 모르잖아요. 그런데 PC방으로 진짜 돈 버는 사람이 누군지 알아요?
김기록	그야 당연히 블리자드죠. 한국에서 스타크래프트만 대체 얼마나 판 거야?
개발자	아니, 그건 당연한 거고…….
김기록	그러면 체인점을 낸 사람들?
개발자	그 사람들도 많이 벌었죠. 한데 진짜 돈을 많이 번 사람들은 PC방을 관리해주는 사람들이에요. 카이스트 애들이 이걸로 돈 좀 만졌죠.
김기록	관리?!
개발자	네. PC방에 있는 컴퓨터를 손쉽게 관리할 수 있는 프로그램을 만든 사람들이죠. 그들은 그냥 PC방 체인이랑 점주에게 납품하고 프로그램을 유지 보수만 하면 되니까요. 설사 PC방이 망해도 걔네들은 잃을 것도 없고. 에휴, 예전에 친구가 같이 그 사업하자고 했을 때 나갔어야 했는데…….

이런, 돈 버는 사람들은 보이지 않는 곳에 있구나!

엄청난 깨달음을 얻었건만 문과 출신인 김기록 대표에겐 기술이 없었고 더구나 빚을 갚아야 해서 계속 회사를 다니는 수밖에 없었다. 일단 기술 없이 할 수 있는 일을 찾아보는 것을 시작으로 매일 고민이 꼬리를 물고 이어졌다. 그 와중에 '벤처'라는 신조어가 세상을 휘감았고 많은 젊은이가 승승장구했다. 매스컴은 하루가 멀다 하고 '수백억 부자 청년 CEO'라는 기사를 쏟아냈다. 인터넷 부자 말이다. 어떤 사업인지는 몰랐지만 그들은 졸지에 스타가 되어 있었다.

김기록 대표는 더 이상 회사에 파묻혀 있을 수 없다는 생각을 했다. 당장 회사를 박차고 나가 뭐라도 해야 할 것 같은 기분이었다.

어느새 대리가 되어 2000년대를 코앞에 둔 99년 중순, 그는 짠돌이 작전으로 계획보다 일찍 빚을 정리했다. 노스트라다무스가 지구 멸망을 예언한 그해 7월 다행히 지구는 멀쩡했다. 이제 남은 것은 퇴사뿐이었다.

Koreacenter.com의 시작

94년에 인터넷을 처음 접한 뒤 95년부터 회사생활을 시작한 김기록 대표는 99년 10월에야 퇴사할 마음을 굳혔다. 그리고 99년 말, 김기록 대표는 사직서를 내밀었고 팀장은 그를 조용히 술자리로 불렀다.

팀장	요즘 경기도 안 좋은데 뭐하려고?
김기록	쇼핑몰을 하려고 합니다.

팀장	쇼핑몰? 그게 뭐야?
김기록	인터넷으로 물건을 파는 거죠, 뭐.
팀장	야, 카드 팔아먹던 네가 뭘 안다고 그런 걸 해!
김기록	벌써 하고 있는데요.
팀장	??!!!

잠시 시간을 99년 초로 되돌리자.

스타크래프트에 빠진 평범한 동네 아저씨 A였던 김기록 대표가 기술 없이 할 수 있는 사업으로 선택한 것은 쇼핑몰이었다. 이유는 간단했다. 자본금도 없고 시간도 거의 낼 수 없으니 쇼핑몰 외에는 답이 없었기 때문이다.

물론 쇼핑몰을 하겠다고 결정하는 건 쉽다. 그러나 어떻게 할지 결정하는 것은 힘들다. 비록 직장인이 인터넷으로 사업을 하면 어떨지 테스트하는 심정으로 시작한 쇼핑몰이지만 그렇다고 무대포로 손을 댄 것은 아니었다. 그는 두 가지 문제를 해결하는 데 집중했다.

• 회사에 다니면서 해야 하기에 손이 많이 가서는 안 된다.

그가 몸담고 있던 회사는 업무 강도가 꽤 심한 편이었다. 그리고 90년대는 주5일 근무제가 정착된 시점도 아니었다. 주말에 물건을 구입하고 퇴근 후에 물건을 포장한 다음, 오전 중에 배송할 수 있어야 했다. 또 자취방에서 모든 걸 해결해야 했기에 물건의 부피가 크면 곤란했다.

• 다른 쇼핑몰과 경쟁해서 살아남을 만큼 경쟁우위가 있어야 한다.

당시 인터파크, 옥션, 롯데닷컴 등 대형 쇼핑몰이 점점 늘어나고 있었다. 이들은 TV광고까지 하면서 엄청난 마케팅 비용을 들이고 있었다. 또 독립 쇼핑몰(오픈마켓 등 플랫폼에 얽매이지 않고 별도의 도메인과 웹사이트를 갖춘 쇼핑몰) 중에서도 조금씩 규모와 인지도를 쌓는 곳이 등장했다. 그 속에서 살아남으려면 좋은 제품 이상으로 '독특함'을 갖춰야 했다.

김기록 대표는 이 두 가지 조건을 모두 충족시키는 아이템으로 '향수'를 선택했다. 부피가 작아 자취방에 비교적 많은 양을 쌓아둘 수 있었고, 가격이 적당히 비싸 방에 쌓아둔 양으로도 이익을 낼 수 있었기 때문이다. 또 그 무렵에는 쇼핑몰이 남성이 찾는 상품 위주로 되어 있었기에 향수 전문 쇼핑몰은 여성들의 환영을 받으며 인지도를 높일 수 있다고 판단했다.

아이템을 결정한 후 그는 발음하기도 어려운 화학 용어가 쓰여 있는 영어원서를 구입해 향수를 연구하며 남대문 수입 상가를 돌았다. 얼굴에 철판을 두껍게 얹고 여성들을 만날 때마다 향수에 대해 묻는 일도 서슴지 않았다.

문제는 그 다음에 찾아왔다. 쇼핑몰을 어떻게 만들어야 하는지 하나도 몰랐던 것이다. 경영학과 출신인 그는 웹의 기본인 HTML도 모르는 상태였다(HTML을 모른다는 건 한국어는 알아도 한글은 모르는 상태라 생각하면 된다). 어딘가에 맡기려 해도 돈이 없었다. 아직 빚도 다 못

같은 상태에서 수백만 원을 쓸 수는 없었다. 고민하던 그는 홈페이지 만드는 방법에 관한 책을 몇 권 사서 설날 연휴에도 고향 대구에 내려 가지 않고 혼자 쇼핑몰 사이트를 만드는 데 몰두했다.

　　　책을 따라 열심히 끙끙댄 끝에 그는 간신히 쇼핑몰 사이트를 만들었다. 신기한 마음에 그는 기뻐 어쩔 줄 몰라 했지만 문제가 끝난 건 아니었다. 가장 결정적인 '구매버튼'이 설치되지 않았던 것이다. 제아무리 좋은 물건을 장바구니에 쌓아놓은들 구매버튼이 없다면 무얼 하겠는가? 어쩔 수 없이 그는 구매버튼을 설치해주는 회사에 전화를 걸어 막무가내로 물어보았다.

김기록 대표　저기, 쇼핑몰 홈페이지를 구축했는데 구매버튼이 붙지 않아요.

상담원　고객님. 저희는 버튼을 설치해주는 회사가 아니라, 그 솔루션을 제공하는 회사입니다.

김기록 대표　네, 그런데 아무리 해도 안 붙는데 한 번만 도와주시면 안 될까요?

상담원　죄송합니다, 고객님. 저희는 개발자가 아니라서 그건 좀 힘들 것 같습니다.

김기록 대표　그러면 개발자 분과 잠시 통화가 가능할까요? 부탁드립니다.

상담원　죄송합니다. 고객님. 저희 개발자는 그런 업무까지 도와드릴 수 없습니다.

김기록 대표	부탁입니다. 제가 도움 받을 곳이 여기밖에 없으니 제발 좀…….
상담원	야…… 이…… 씨……라는 말이 나오는 것을 악 쓰고 참고 있다.

진상도 재능이라면 재능이다. 유비도 제갈량을 등용하기 위해 삼고초려 하니까 제갈량이 지겨워서 따라가 주지 않았던가. 매일같이 구걸하듯 매달리는 김기록 대표의 진상 짓이 귀찮았던지 호스팅사 고객지원팀에서는 그를 개발팀과 연결해주었고, 김기록 대표는 겨우 구매버튼을 설치할 수 있었다. 원래 진상 앞에 장사 없는 법이다.

설날 연휴를 포함해 꼬박 한 달을 바친 끝에 드디어 향수 쇼핑몰이 탄생했다. 개발자였다면 하루 만에 만들, 디자이너라면 하루 만에 꾸밀 사이트를 무려 한 달이나 걸려 만들었고 시스템도 디자인도 엉망이었지만 코센의 첫걸음이 시작된 셈이다.

그는 그렇게 탄생한 쇼핑몰에 1997년도에 구입한 도메인 'http://koreacenter.com'을 연결했다. 향수 쇼핑몰과 전혀 맞지 않는 듯한 도메인, 브랜딩에도 적합하지 않은 도메인이지만 그는 괘념치 않았다. 그 이유를 들어보자.

"대학 시절부터 무역을 꿈꿨고 한국의 중심이 되는 회사를 만들고 싶었어요. 그래서 koreacenter.com 도메인을 구입했죠. 그런 생각으로 산 도메인이 코센의 시작이었습니다. 그때는 미국 도메인 회사에 직접 등록해야 했고 등록증은 우편으로 보내줬지요. 유치하다고 생각할지도 모르지만 지금도 그 증서를 벽에 걸어두고 있어요. 지금 보면 유치하고 매력 없는 도메인이긴 해도 나에게는 굉장히 의미 있는 도메인이니까요(정작 그 도메인은 지금 쓰고 있지 않다. 본인도 세련되지 않은 도메인인 건 인정하는 듯)."

도원결의

팀장	그래서 쇼핑몰을 열었는데 돈은 좀 버냐?
김기록	뭐, 그렇게 나쁘지는 않아요.
팀장	야, 너 능력 좋다. 얼마나 버냐?
김기록	그냥 월급 정도는 가져가요.
팀장	그렇게 벌면서 나한테 한우 한 번 안 샀냐!
김기록	……

　　안 쏜 게 아니라 쏠 시간이 없었다. 김기록 대표는 소문난 술꾼이다. 알코올 의존자라고 해도 과한 말이 아닐 정도로 그는 거의 매일 술을 마셨다. 하지만 그는 더 이상 그런 생활을 할 수 없었다.

　　쇼핑몰을 연 지 6개월째인 8월이 되자, 한 달에 채 10건이 되지 않던 주문량이 어느새 하루 10건 이상으로 늘어났다. 주문을 받을 때마다 여성들이 물건을 받고 만족할 만한 수준으로 깔끔하게 포장하는 것도 일이었지만, 더 큰 일은 고객 상담이었다. 회사에서 몰래 전화를 받는 데는 한계가 있었다. 시도 때도 없이 덜덜대는 휴대전화 진동은 회의 중에도 예외가 아니었다. 전화를 받으면 회사에서 욕을 먹고 받지 않으면 고객에게 욕을 먹는 상황이었다. 그러니 술을 마실 시간은 아예 없었다.

규모가 커지면서 이젠 주말과 새벽시간을 활용해 '열심히' 일하는 것으로는 문제를 해결할 수 없었다. 그렇다고 사람을 쓸 수도 없었다. 방법은 하나, 퇴사해서 제대로 창업하는 수밖에 없었다.

하지만 무턱대고 나가는 건 견적이 나오지 않았다. 월급만큼 돈을 버는 건 사실이지만 그 돈은 존재하지 않았다. 들어오는 족족 향수를 재구매하는 데 사용했기 때문이다. 사실상 돈은 장부 속에만 존재했다. 적어도 지금의 2배는 매출이 올라야 정상적인 생활이 가능할 것 같았다.

어떻게든 사업을 확장해야 했다. 다시금 고민에 빠져든 김기록 대표는 돈 벌 궁리를 하고 또 했다. 우선 알량한 경영학 지식을 활용해 본격적인 사업을 위해 필요한 게 무엇인지 목록을 정리했다.

* 아이템 : 이미 시작한 향수 쇼핑몰
* 자본 : 경기도 좋지 않은데 무리하게 돈을 구하기보다
          향수 쇼핑몰 매출을 늘리는 방향으로 나아감
* 사무실 : 어차피 집에서 해온 일이니 작은 원룸 정도면 충분함
* 파트너 : ??????

그냥 자기 한 입 챙길 밥값을 버는 정도라면 향수 쇼핑몰을 혼

자서도 얼마든지 할 수 있었다. 그렇지만 그 이상으로 규모를 키우려면 혼자 모든 걸 할 수는 없었다. 내가 잘하지 못하는 영역을 커버해 매출을 늘려줄 사람은 누구일까? 답은 한곳에 꽂혔다. 개발자!

기획, 마케팅, 영업은 어떻게든 스스로 해낼 수 있었지만 개발은 무리였다. 마침 기업들이 큰돈을 들여 만든 쇼핑몰 사이트가 계속 늘어나고 있었다. 만약 향수 쇼핑몰 사이트를 그 수준으로 개편한다면 분명 매출이 크게 오를 터였다.

그는 사업파트너를 물색하기 시작했다. 주변의 아는 개발자들에게 매일 술과 고기를 사 먹이면서 슬쩍 의견을 물으며 입질에 나선 것이다. 개발자들은 쇼핑몰에 큰 호기심을 보였고 김기록 대표의 예상대로 쇼핑몰 개편을 통해 매출을 크게 올릴 수 있을 거라고 말했다. 하지만 얘기가 사업을 함께하자는 데로 옮겨가면 "잘 먹었습니다."라는 한마디만 던질 뿐이었다. 그도 그럴 것이 경기가 워낙 가라앉는 바람에 회사를 차리려면 두둑한 배짱이 필요했다.

그러던 어느 날, 함께 스타크래프트를 하며 청춘을 불사르던 친구와 길에서 우연히 마주쳤다. 그 친구는 지금은 찾아보기 힘든 88담배를, 김기록 대표도 지금은 찾아보기 힘든 100원짜리 자판기 밀크커피를 입에 물고 있었다. 왜 그랬는지 모르겠지만 김기록 대표는 불쑥 말을 꺼냈다.

"나랑 사업할 생각 없냐?"

"뭘 미친 소리야. 뭘 할 건데?"

김기록 대표는 자기가 이미 쇼핑몰을 하고 있다며 주소를 알려

줬다. 둘은 일을 끝내고 술이나 한 잔 하자며 약속을 잡았다.

오랜만의 술자리였다. 다만 그들의 대화 소재는 스타크래프트에서 사업으로 변해 있었다. 자세한 이야기를 전해들은 그 친구는 지금까지 제안을 거절한 모든 사람과 마찬가지로 너무 위험하지 않느냐고 말했다. 회사에 다니면 꼬박꼬박 나오는 월급을 받으며 적당히 살 수 있는데 왜 굳이 모험을 하느냐는 것이었다. 김기록 대표는 강한 어조로 사업을 해야 한다고 핏대를 세웠다. 어느새 슬슬 궁금증이 발동한 그 친구는 "왜 쇼핑몰이 잘될 거라고 생각하는데?" 하고 물었다. 기회를 노리고 있던 김기록 대표는 방언 터지듯 친구를 설득하기 시작했다.

김기록	왜냐하면 쇼핑은 이제 완전히 인터넷으로 넘어갈 거니까.
친구	왜? 더 싸서?
김기록	편하잖아. 매장 가서 물건 사면 얼마나 피곤해. 점원 눈치 봐야 되지. 걸어 다녀야 하니까 다리 아프지. 여기저기 돌아봐야 하니까 시간도 아깝지…….
친구	그런데 왜 아무도 인터넷에서 사지 않지?
김기록	우리가 갔다 온 게임방도 처음에는 아무도 가지 않는 인터넷 카페였잖아. 그러다가 스타크래프트가 인기를 끌면서 다들 틈만 나면 습관처럼 PC방에 가고 있지. 지금은 인터넷에서 사는 사람이 1퍼센트도 안 되지만, 나중에는 전 국민이 인터넷으로 쇼핑하게 될 거야 분명.
친구	말도 안 돼! 설사 그렇게 된다고 해도 우리가 수혜자가 될

거라는 확신도 없잖아.

김기록   믿건 말건 잃어봐야 본전이잖아. 그런데 성공하면 대박
        이라고.

메시지를 반복해서 주입하면 진실로 들리게 마련이다. 강한 확신을 실을 경우에는 더욱더 그렇다. 마침내 그 친구는 김기록 대표와 뜻을 함께하기로 결정했다. 단, 조건을 하나 걸었다. 혼자 하면 쇼핑몰 개발 속도에 한계가 있으니 한 명을 더 데려오겠다는 거였다. 시간을 끌 것도 없이 다음 날 또 한 번의 만남이 이어졌다. 장소는 PC방이었다. 친구의 후배라는 그 개발자는 향수 쇼핑몰에 엄청난 매력을 느꼈고 단박에 함께 일하겠다고 말했다.

능력 있는 개발자를 한꺼번에 두 명이나 얻은 김기록 대표는 관우와 장비를 얻은 유비의 심정으로 거하게 술을 쐈다.

사직서는 휴먼굴림체로

세 사람 모두 술이 덜 깬 상태로 출근을 하고 거기에 지각까지 하여 상사의 따가운 눈총을 엄청 받았지만, 그들은 즐겁기만 했다. 마치 영화 〈친구〉의 "함께 있을 때 우린 아무것도 두려울 게 없었다."라는 대사처럼 그들은 몇 주간 회사에서 일은 하지 않고 사업 아이디어 구상에 여념이 없었다. 김기록 대표 혼자서 끙끙대던 때와 달리 생각

도, 실행도 3배는 빨랐다.

그렇게 계속 세 명이 함께 코센의 역사를 쌓아 나갔으면 좋았겠지만, 의외의 암초가 등장했다. 퇴사할 날짜까지 정해놓은 친구가 갑자기 발을 뺀 것이다. 어떻게 이럴 수 있느냐며 사정하던 김기록 대표는 단 한마디 앞에 물러날 수밖에 없었다.

"마누라가 못하게 해."

천하제일의 맹장 여포도 초선 앞에서는 연약한 남자에 불과했고, 역발산기개세(力拔山氣蓋世: 힘은 산을 뽑을 만큼 세고 기개는 세상을 덮을 만큼 웅대하다. ≪사기≫에 나오는 말)라 불린 항우도 우희만큼은 이길 수 없었다. 천하를 뒤흔들 영웅은 많아도 아내를 이길 남자를 찾는 건 쉽지 않은 법!

어쨌든 아내를 방패로 삼은 그 친구는 결국 희망을 못 본 셈이었다. 친구가 데려온 후배도 나이는 어렸지만 결혼한 상태였다. 병역특례가 막 끝난 상황이라 돈이 더 없었을 테니 아내가 반대하지 않았을 리 없다. 이제 좀 다리 펴고 살아보나 했더니 사업이라니. 하지만 친구의 후배는 끈질기게 아내를 설득했다. 눈 딱 감고 2, 3년만 고생하면 대박이 터질 거라고 말이다.

전화위복일까. 친구가 발을 빼자 오히려 문제는 쉽게 풀려 나갔다. 한국 사회는 워낙 위아래를 따지는 곳이라 친구끼리 함께 일을 벌이면 갈등을 해소하는 데만 해도 꽤 긴 시간이 걸린다. 그러나 친구의 후배는 김기록 대표보다 나이가 어렸고 의사결정은 수직적으로 빠르게 이뤄졌다. 그렇게 해서 창업 멤버가 된 개발자가 바로 코센의 임성진 개발이사다. 임성진 개발이사는 그때를 이렇게 회상한다.

"저에게 같이 하자고 제안한 선배는 그렇게 떠나버렸고 저와 사장님은 일주일에 한 번씩 정기모임을 열었어요. 당시 노트북은 너무 비쌌고 함께 컴퓨터를 만질 만한 곳은 PC방밖에 없었지요. 나이 서른 안팎의 두 남자가 커플석에 앉아 오붓하게 회의를 하며 아이디어를 나눴죠. 솔직히 그땐 무슨 사업을 어떻게 해야 할지 구체적인 계획도 없었어요. 인터넷 사업을 해보고 싶긴 한데 마침 사장님이 향수 쇼핑몰을 하고 있었으니 그걸 기반으로 뭐라도 해보자는 거였죠."

이와 달리 김기록 대표는 꽤 신이 났던 모양이다.

"원래 사업을 같이하기로 한 친구가 나간 덕에 오히려 일이 편해졌죠. 친구와 일을 하려면 매일 싸우고, 술 마시면서 시간 보내고……. 그런데 임성진 이사랑 함께 일하면서 속도가 엄청나게 빨라졌어요. 지금 되돌아보면 15년간 사업을 하면서 그때가 가장 행복했던 것 같아요. 매일이 꿈꾸는 듯한 생활이었죠."

그 시절로 되돌아가고 싶으냐는 질문에 김기록 대표는 눈을 동그랗게 뜨고 고개를 가로저었다(역시 꿈보다는 돈이다). 생각보다 죽이 잘 맞은 둘은 1998년 12월, 김기록 대표의 퇴사를 시작으로 법인을 내기로 결정했다. 임성진 개발이사는 설레는 마음으로 12월의 첫 출근을 기다렸다. 그런데 그가 첫 출근한 사무실에 김기록 대표는 없었다. 김기록 대표가 다니던 회사에서 계속 그의 사직서를 반려했기 때문이다.

팀장   아무튼 사표는 수리할 수 없다.

김기록	그게…… 저, 나가야 된다니까요. 회사가 싫은 것도 아니고 어쩔 수 없는 상황이라.
팀장	그게 아니라, 지금 나가면 너 퇴직금이 줄어들잖아. 두 달만 버텨. 두 달 버티면 퇴직금에 보너스까지 나오잖아. 그거면 회사를 한 달은 더 굴릴 수 있을 거야.
김기록	……
팀장	우리가 하는 게 기업들 돈 빌려주고 받고 그런 거잖아. 큰 회사들도 돈 없어서 서러운데 너 모은 돈이 얼마나 있다고 그러냐? 뭐라 안 할 테니까 회사에서 적당히 눈치 보며 쇼핑몰 일도 해.

　　팀장의 바다와 같은 자비로 김기록 대표는 약간의 시간을 벌었다. 그는 15년이 지난 지금도 그때 그 팀장에게 엄청나게 감사를 느낀다고 한다. 반면 그 팀장은 회사에서 눈치껏 쇼핑몰 일도 하라고 했더니 내내 쇼핑몰 일만 하는 김기록 대표 때문에 굉장히 속앓이를 했다는 후문이다.

　　아무튼 임성진 개발이사는 혼자서 사무실을 꾸려가야 했다. 다행인지 불행인지 사무실이 원룸 사이즈의 소형 컨테이너(요즘은 이해하기 힘든 일이지만 당시엔 벤처 붐이 일면서 이런 곳이 간혹 있었다)라 썰렁하게 소외감을 느낄 일은 없었다. 사무실이랍시고 꼴을 갖춘 그 황량한 4평 공간에서 그는 일을 시작했다. 코센이 갖춘 무기는 달랑 컴퓨터 두 대가 전부였다.

대표 없는 회사, 코센의 출발

소형 건물에 방이 닭장처럼 다닥다닥 붙어 있는 곳. 창문에는 아무런 글자도 없고 커튼까지 쳐져 안이 보이지 않는 곳. 건물 안으로 들어서도 그곳이 사무실이라는 표식은 '312호'라는 숫자뿐이었다. 그래도 문에는 싸구려 문패에 코리아센터닷컴이라는 상호와 전화번호가 적혀 있었다.

홀로 컨테이너에 남겨진 임성진 개발이사는 향수 쇼핑몰을 개편하는 작업에 들어갔다. 지금은 메이크샵을 비롯한 여러 쇼핑몰 솔루션 덕분에 웹에 대한 지식이 없어도 웬만한 쇼핑몰쯤은 뚝딱 런칭할 수 있다. 하지만 98년에는 그런 서비스가 존재하지 않았고, 김기록 대표의 향수 쇼핑몰은 상품 이미지가 일렬로 뜬 상태에서 구매버튼만 달려 있는 정도였다. 시스템이든 디자인이든 모든 게 매우 조악했다.

요즘의 인터넷 사이트를 보다가 15년 전의 인터넷 사이트를 보면, 마치 세계명화를 감상하다가 중고등학교 사생대회를 감상하는 듯한 기분이 든다. 당시 김기록 대표가 운영하던 향수 쇼핑몰은 중고등학생은커녕 유치원생이 그린 그림 수준이었다.

디자이너와 공학도는 뭔가 잘못 설계된 것을 보면 어떻게든 뜯어고치고 싶은 욕망에 휘감긴다. 임성진 개발이사 역시 엉망진창으로 만든 향수 쇼핑몰을 그냥 내버려두지 않았다. 그는 아침부터 밤까지 홀로 향수 쇼핑몰 개편에 들어갔다. 그리고 김기록 대표는 회사에서 퇴근한 후에야 옆자리로 돌아와 잔소리를 해댔다.

그들에게 향수 쇼핑몰은 유일한 자산이었다. 그들은 어떻게든 사업을 키워야 했고 그러려면 향수 쇼핑몰의 매출을 올려야 했다. 어떻게 하면 더 많은 매출을 올릴 수 있을까? 방법은 두 가지였다. 향수 쇼핑몰을 더 많이 알리고 방문고객을 늘려서 매출을 높이는 것이 그 첫 번째다. 그리고 일단 들어온 사람들이 더 많이 구매하도록 하는 것, 즉 구매전환율을 높이는 것이 두 번째였다(코센의 창업자들이 이를 알고 작업했을지 확인된 바 없지만 일본의 대형 쇼핑몰 라쿠텐 시장에서는 이를 집객集客과 접객接客의 영역으로 구분한다).

지금은 인터넷 배너 혹은 키워드 광고를 하거나 각종 바이럴 마케팅(Viral marketing: 이메일, 블로그, 트위터 등의 전파 가능한 매체로 소비자가 자발적으로 아는 사람에게 기업 및 제품을 홍보해 널리 퍼트리게 하는 기법)을 통해 인터넷 사이트의 인지도를 널리 알리는 방법이 확립돼 있다. 그러나 당시에는 아무도 그 방법을 몰랐다. 돈을 많이 투자받은 벤처가 TV광고까지 하는 상황(요즘 케이블이 아닌 공중파 광고를 하는 사이트는 엄청난 투자금액이 들어온 소수의 소셜 커머스 정도다)에서 군소 사이트는 알릴 통로 자체를 찾지 못했다.

그러니 그들에게 남아 있는 방법은 향수 쇼핑몰에 들어온 사람들이 더 많이 구매하도록 하는 것밖에 없었다. 어떻게 하면 더 많이 팔 수 있을까? 이를 두고 김기록 대표와 임성진 개발이사는 끝도 없이 대화를 나눴다. 어느 정도 시장이 확립된 사업이라면 벤치마킹이라도 하겠지만 쇼핑몰은 따라할 곳이 없었다. 빵빵한 투자금을 확보한 대형 쇼핑몰 인터파크조차 적자를 보고 있었으니 말을 해서 뭐하랴. 더구나 쇼핑몰 이용 경험이 있는 사람은 극소수였기에 그들의 경험을 따라갈 수도 없었다.

참조할 쇼핑몰 성공모델이 없는 상황에서 김기록 대표와 임성진 이사는 그 답을 오프라인에서 찾고자 했다. 그들은 특히 백화점을 많이 참조했다. 백화점은 일단 고객이 들어오면 최대한 긴 동선으로 움직이게 했다. 그러면서도 그 경험을 즐겁게 포장해 주었다. 이에 두 사람은 인터넷쇼핑몰도 쇼핑 자체가 즐거운 경험이 되어야 하는 데 주안점을 두어야 함을 깨달았다. 그러나 타고난 상남자들에게 쇼핑이 즐거울리 없었다. 결국 그들은 주변의 여성들과 함께 쇼핑이 왜 즐거운지에 대한 이야기를 나누며 백화점 등 쇼핑 플레이스를 누볐다. 그렇게 해서 분명하게 얻어낸 것 하나가 바로 이것이다.

"쇼핑이 즐거운 것은 눈이 즐겁기 때문이다."

여성들은 흥미롭게도 아이쇼핑을 즐기지 않던가. 사실 아이쇼핑이라는 말은 콩글리시다(콩글리시라는 말도 콩글리시다. 원래 영어로는 'broken english'다). 굳이 바른 표현을 찾자면 윈도쇼핑Window shopping이다. 어쨌든 아이쇼핑은 쇼핑의 본질을 좀 더 구체적으로 전달해준다. 그저 눈이 즐겁기 때문에 쇼핑을 한다는 것! 두 상남자는 이 개념을 이해하기 힘들었지만 아무튼 받아들여야 했다. 눈높이를 철저하게 고객에게 맞춰야 했고 또 향수 쇼핑몰의 주고객은 여성이기에.

여성들의 눈을 즐겁게 해주려면 대체 어떻게 해야 할까?

가장 먼저 생각할 수 있는 건 쇼핑몰 디자인 개선이다. 그러나 이보다 더 중요한 것은 '어떻게 하면 향수가 더 예쁘게 보이도록 할 수 있을까'였다. 아무리 백화점과 마트의 분위기가 좋아도 결정적으로 제품 디자인이 별로면 여성들은 눈길 한 번 주지 않는다.

사실 향수는 이 점을 거의 걱정할 필요가 없다. 향수 자체가 워낙 미적으로 훌륭한 상품이라 다 쓴 향수병을 버리지 않고 모으는 사람도 꽤 많다. 그런데 이게 쇼핑몰로 오면 얘기가 달라진다. 오프라인 공간에서는 어느 각도에서 봐도 향수병이 아름다운 디자인을 뽐내지만, 온라인에서는 입체감 없는 몇 장의 사진으로 아름다움을 드러내야 한다. 가뜩이나 온라인에서는 시향(향 테스트)이 불가능한데 사진마저 예쁘게 찍히지 않으면 답이 없었다.

당시 향수 쇼핑몰에 올라오는 사진은 그리 아름답지 않았다. 제아무리 열심히 사진을 찍고 포토샵으로 보정해도 한계가 있었다. 100만 화소 디지털카메라로 아무리 잘 찍어봐야 얼마나 아름다움을 표현해 낼 수 있겠는가. 고민을 거듭하며 백화점에서 발행한 향수 카탈로그를 보던 그들은 엄청난 아이디어를 짜냈다. 바로 해외 사이트의 멋진 사진을 이용하여 제품 상세 사진을 구성하는 것이었다.

결과는 대성공이었다. 사진을 교체했다는 이유 하나만으로 한 달 뒤 매출은 2배로 껑충 뛰어올랐다. 여기에다 사진을 찍는 시간과 비용도 사라졌으니 2배 이상 더 이익을 본 셈이었다. 엄밀한 의미에서 이는 저작권 위반이었지만 그땐 그런 개념이 없었으니 이 정도는 애교로 봐주자. 두 사람은 서로를 얼싸안고 소원성취라도 한 것처럼 기뻐했다.

물론 매출이 올랐다고 해서 돈이 주머니에 들어온 것은 아니었다. 그 이후에도 두 사람은 3개월간 월급을 한 푼도 가져가지 못했다.

그래도 그들은 매우 기분 좋게 일했다고 한다. 임성진 개발이사의 얘기를 들어보자.

"제가 사업에 뛰어든 것은 내 손으로 뭔가를 만들고 그에 대해 정당한 대가를 받고 싶어서였어요. 병역특례자로 일할 때 첫해 월급이 60만 원, 다음 해 월급이 100만 원밖에 되지 않았는데 일은 엄청나게 많았지요. 심지어 제가 소프트웨어 하나를 거의 혼자 개발하고 영업까지 뛴 것도 있어요. 그게 월매출 2천에서 3천까지 오갔어요. 그 소프트웨어는 정통부 장관상도 받았고 나중에 회사가 망했을 때도 그 소프트웨어로 분사한 회사는 살아남았지요. 솔직히 돈은 안 줘도 좋으니 최소한 내가 한 일에 대해 인정은 받고 싶었는데, 그런 문화가 없더라고요. 개발자는 원래 구르는 게 당연하다는 식이었어요. 그래서 내 회사를 만들고 싶었던 거죠."

2000년 1월, 드디어 김기록 대표는 퇴사했고 본격적으로 24시간을 코센에 쏟아 부었다. 두 사람은 이후에도 향수 쇼핑몰의 매출을 높이기 위한 각종 개편을 반복했다. 매일 폰트나 버튼의 크기 등을 수

개편 이전	개편 이후
구매버튼이 작음	구매버튼을 크게 바꿈
가로 1열의 상품 배열	요즘 쇼핑몰처럼 4열로 변경
적립금 없음	적립금제도 만듦
이벤트 없음	생일마다 추가적립을 해주는 이벤트 실시
복권제도 없음	매일 접속 때마다 복권을 통해 적립금을 받을 수 있게 함
Q&A게시판만 존재	리뷰게시판과 자유게시판 오픈. 좋은 리뷰에는 적립금을 줌.

시로 변경하며 향수 쇼핑몰 자체를 시험장으로 삼은 것이다. 그들이 취한 개편은 단순한 변화에 불과했지만, 그 작은 변화가 일어날 때마다 매출은 수직으로 치솟았다.

특히 커뮤니티는 향수 쇼핑몰에 큰 힘이 됐다. 고객들은 커뮤니티를 다음 카페처럼 활발하게 이용했고, 향수 리뷰는 물론 해외 정보까지 교환했다. 여기에 고무된 김기록 대표는 적립금을 마구 쏘았고 고객들은 더욱 열광했다. 덕분에 매출은 3개월마다 2배로 뛸 만큼 기하급수적으로 상승했다.

2000년 11월, 어느새 직원은 5명으로 늘었다. 그리고 누가 봐

개편 이후 코센 향수 쇼핑몰 페이지

도 전도유망한 쇼핑몰은 더 이상 쇼핑몰로 머물기를 거부하며 새로운
사업을 꿈꾸게 된다.

이승환　　　인생을 엄청 수월하게 살아오셨네요.

김기록　　　음, 솔직히 내가 팔자가 좋기는 한 것 같아.

이승환　　　무슨 배짱으로 전에 다니던 회사를 그토록 그만두고 싶
　　　　　　어 했나요?

김기록　　　몰라. 그냥 어릴 때부터 뭔가 내 것을 하고 싶었어. 기질
　　　　　　인가 봐.

이승환　　　쇼핑몰이 돈이 좀 될 거라고 생각하셨나요?

김기록　　　아니, 전혀. 그냥 간이나 보려고 시작한 건데 운이 좋았지.

이승환　　　간이나 보려고 시작한 게 월매출 2억이라니, 어마어마하
　　　　　　군요.

김기록　　　실제로 남는 돈은 별로 없었어.

이승환　　　1년 만에 매출이 20배로 늘었으면 이익도 20배가 되어야
　　　　　　하는 것 아닌가요?

김기록　　　장사를 하면 제일 큰 문제가 '재고관리'인데, 남는 돈으로
　　　　　　전부 상품을 구입하면 별로 남는 게 없었어. 농담이 아니
　　　　　　라 장부상으로 이익은 꽤 되는데 돈이 한 푼도 안 남을 때
　　　　　　도 있었지. 향수 쇼핑몰로는 한 사람 월급도 줄 수 없었어.

이승환   월급을 줄 수 없어서 어떻게 했나요?

김기록   월급을 쥐야 하니까, 쇼핑몰 구축하는 SI~System Integration~ 외주
         개발을 뛰었지. 천만 원 정도 받고 쇼핑몰을 만들고 싶어
         하는 기업체에 쇼핑몰을 만들어주고 그랬어.

이승환   어디에서 참 뭔가를 잘도 주워 오십니다.

김기록   그냥 싼 맛에 굴리기 좋은 회사였지, 뭐. 다른 회사가 3~4천
         받는 일을 달랑 천만 원 받고 해줬으니까. 물론 우리는 그
         것도 고맙다고 넙죽 받아먹었지만.

이승환   영업 뛰기가 힘들지는 않았나요?

김기록   그나마 향수 쇼핑몰이 좋은 포트폴리오이긴 했어.

이승환   매출액이 높긴 했지만 그다지 내세울 포트폴리오는 아닌
         것 같은데요. 규모가 큰 업체들은 이미 그런 쇼핑몰을 수
         십 개는 구축했을 텐데.

김기록   쇼핑몰을 많이 구축해본 업체는 있었지만, 쇼핑몰을 운
         영해본 업체는 없었으니까.

이승환   ……

김기록   음, 대학교수들을 보면 다 아는 것 같지만 실제 문제 앞에
         서 제대로 된 해결책을 내놓지 못하잖아. 왜냐면 현장에
         서 뛴 적이 없으니까. 마찬가지. 우리는 쇼핑몰이 어떤
         지 잘 설명하진 못해. 그런데 우리는 쇼핑몰을 직접 만들
         어서 해봤으니까 진짜 문제가 뭐고 어떻게 해야 하는지
         는 알고 있잖아.

이승환	열심히 일하고도 돈을 많이 못 벌어서 서럽지는 않았나요?
김기록	어쩔 수 없지 뭐. 돈을 많이 벌려면 큰 회사의 일을 따와야 하는데, 그런 회사에서 일을 따오려면 타이틀, 실적이 중요하거든. 그나마 천만 원씩 꽂아주는 데라도 있어서 다행이었지.
이승환	직원들은 월급이 적다고 서러워하지 않던가요?
김기록	흔히들 '눈물 젖은 빵'을 말하는데 보통은 오버하는 경우가 많아. 코센이 그랬던 시기는 아주 짧았어. 그래도 한 달에 100만 원씩은 줬거든.
이승환	최저임금 수준으로 주고 되게 생색내시네요.
김기록	······
이승환	임성진 이사님은 3개월 만에 첫 월급을 받았다고 하던데요.
김기록	임이사는 뭐, 나랑 같은 창업자니까 당연히 희생할 수도 있지.
이승환	그래서 첫 월급은 얼마였나요?
김기록	50만 원.
이승환	······
김기록	사실은 그것도 안 주고 버티려고 했어. 저녁을 먹는데 임이사 와이프가 와서 눈치를 주니까 이길 수가 없더라고.
이승환	사장님.
김기록	응?

이승환	사장님 같은 사람이랑 사업하면 안 되겠다는 생각이 드네요.
김기록	……
이승환	아무튼 이제 본격적인 이야기를 해보죠.
김기록	안 해.
이승환	삐치지 말고요…….
김기록	……

메이크샵의
탄생

한 줄의 아이디어로 시작된 메이크샵

어엿한 신생회사의 대표가 된 김기록. 그러나 말이 대표지 잡부나 다름없었다. 주업무는 포장과 배송, 그리고 임성진 개발이사에게 아무렇게나 내놓은 아이디어를 읊거나 잔소리 하기였다. 연단위로 따지면 무려 30억 원의 매출을 자랑하는, 그것도 IT라는 신생산업에 종사하는 대표였지만 그의 모습은 다음 달 월급을 걱정하는 초라한 사장에 불과했다.

남들이 보기에 그는 성공한 청년 사업가였다. 그러나 그제야 그는 부모를 잘 둔 친구들도 별것 없다는 사실을 깨달았다. 부모의 사업을 물려받은 친구들이 입버릇처럼 하던, 즉 "내가 돈이 많은 게 아니라 회사가 많은 것"이라던 말이 이해가 갔다.

돈은 빛나는 곳에서 떠돌지 않았다. 오히려 아무도 모르게 뒤에서 움직이는 사람들이 더 많은 돈을 벌고 있었다. 불현듯 PC방에서 폐인처럼 스타크래프트를 하던 시절에 들은 이야기가 다시금 떠올랐다.

"PC방으로 진짜 돈 버는 사람이 누군지 알아요? PC방에 있는 컴퓨터를 손쉽게 관리할 수 있는 프로그램을 만든 사람들이죠. 그들은 그냥 PC방 체인이랑 점주에게 납품하고 프로그램을 유지 보수만 하면 되니까요. 설사 PC방이 망해도 걔네들은 잃을 것도 없고. 예전에 친구가 같이 그 사업하자고 했을 때 나갔어야 하는데……."

억대 매출을 올리는 쇼핑몰은 분명 매력적인 일이었다. 하지만 몸은 피곤하고 돈의 흐름은 뚫리지 않았다. 어쩌면 억대 매출을 올리는 PC방 주인도 마찬가지일지도 모른다. PC방 관리비도 만만치 않고 그들은 게임이 요구하는 컴퓨터의 스펙이 높아짐에 따라 수시로 업그레이드를 해야 한다. 아르바이트생을 고용 및 관리하는 일, 손님과의 트러블을 처리하는 일도 보통은 아닐 것이다.

그런 면에서 쇼핑몰 운영과 PC방 운영에는 공통점이 있었다. 이익을 높이기 위해서는 규모를 키워야 했다. 물론 규모를 크게 키우면 그만큼 이익은 늘어날 것이다. 그러나 반대로 불경기를 맞으면 피해가 엄청나게 커진다. 그나마 쇼핑몰이 잘 운영돼 재고가 많이 쌓이지 않으면 다행이고 재고가 쌓이면 끔찍하기 그지없다.

그에 비하면 PC방 관리 소프트웨어는 굉장히 안정적인 성장을 창출할 수 있는 아이템이었다. 재고는 아예 존재하지도 않았고 커지는 이익에 비례해 인력을 추가할 필요도 없었다. 그야말로 황금알을 낳는 거위 같은 존재였다. 그 거위가 한 마리도 아니고 번식에만 성공하면 이익은 무한으로 커질 수 있었으며 더구나 망해 봐야 마이너스가 아닌 제로로 돌아갈 뿐이었다.

코센은 PC방 관리 경험은 없었지만 대신 쇼핑몰 구축 경험은 있었다. 여기에다 쇼핑몰을 어떻게 만들면 높은 매출을 올릴 수 있는가 하는 어느 정도 경험적 지식도 갖추고 있었다.

그렇다면 향수 쇼핑몰처럼 쇼핑몰을 성공적으로 꾸릴 수 있는 소프트웨어를 쇼핑몰 창업자나 운영자에게 제공하면 어떨까?

굳이 기획이라 할 것도 없는 이 한 줄의 아이디어가 한국 최초의 웹 기반 쇼핑몰 구축 소프트웨어 메이크샵이 탄생한 계기였다. 한데 직원들은 물론 모든 IT 관계자가 그 기획에 반대했다. 왜냐고? 김기록 대표가 아이디어의 마지막 문장에 이 말을 추가했기 때문이다.

'무. 료. 로.'

만약 쇼핑몰을 성공적으로 꾸릴 수 있는 소프트웨어를 '무료로' 쇼핑몰 창업자나 운영자에게 제공하면 어떻게 될까? '무료'라는 말에 사람들이 보인 반응은 하나같이 무모하다는 것이었다.

돈이 없으니 돈을 벌지 맙시다?!

"2000년도요? IT업계에 돈이 넘쳐나던 시기, 그리고 그 돈이 전부 룸살롱으로 흘러가던 시기. 뭐, 이 정도로 요약할 수 있겠네요."

한 IT산업 담당기자의 회상이다.

그의 말처럼 IT산업에 대한 기대감은 팽배했지만 정작 수익을 내는 곳은 찾아볼 수 없었다. 그 와중에도 쇼핑몰 구축 시장은 어느 정도 활성화돼 있었고 일부 업체는 높은 수익을 냈다.

그 대표적인 기업이 이네트다. 한국의 IT기업이 세계의 주목을 받은 게 어제오늘의 일은 아니지만, 최초로 주목을 받은 기업은 아마 이네트일 것이다. 미국의 경제전문지 〈포브스〉에서 '세계적으로 가장 유망한 20대 기업'으로 꼽았을 정도였으니 말이다.

초대형 쇼핑몰을 구축하는 기업, 이네트는 빠른 움직임과 기술력으로 2000년에 이미 B2B 시장을 장악했고 당시 연 순이익만 13억을 기록했다. 지금까지도 남아 있는 대기업과 공기업의 쇼핑몰 중 상당수가 이네트를 통해 시작되었고, 여전히 인터넷 업계에서 그 정도 수익을 올리는 회사가 많지 않음을 고려하면 이는 상당히 놀라운 성과라고 할 수 있다. 그들은 그 기술력을 인정받아 일본과 중국은 물론 미국에까지 진출했다.

초대형 쇼핑몰 이외의 쇼핑몰 구축 시장을 효율적으로 파고든 회사가 파이언소프트다. 파이언소프트는 쇼핑몰 구축 소프트웨어의 아버지 격인 '드래곤-아이' 프로그램을 패키지로 출시했다. 기존에는 쇼핑몰 구축 외주를 처음부터 끝까지 특정 업체에 맡겨야 했지만, 이 프로그램을 사용하면 어설프게나마 직접 쇼핑몰을 구축할 수 있었다. 이는 마치 도스를 사용하다가 윈도우를 사용할 때 느낄 수 있는 편리

함을 제공했다. 덕분에 드래곤—아이는 기업뿐 아니라 SOHO(소호: 소규모 자영업) 쇼핑몰을 열고자 하는 이들에게도 큰 인기를 끌었다.

드래곤—아이는 '원스톱 사이트 빌더'라는 이름을 내걸고 패키지 소프트웨어 형태로 판매됐다. 일단 고객이 주문을 하면 고가의 소프트웨어를 우편으로 배달해줬다. 그렇다고 단순히 패키지만 팔고 끝난 것은 아니다. 드래곤—아이에서 제공하는 기본 기능 외에 추가주문에 따라 쇼핑몰을 변경하는 커스터마이징(Customizing: 솔루션의 맞춤형 재설계 서비스)이 필요했기 때문이다. 이 커스터마이징은 중복 작업을 피하기 위해 보통 파이언소프트에서 맡았고, 2000년 당시 파이언소프트에는 이와 관련된 직원만 약 100명에 달했다.

이들 회사는 성공가도를 달린 만큼 투자도 넘치도록 받았다. 돈도 못 벌고 수익모델도 없는 회사조차 투자금을 잔뜩 받던 벤처 버블기인지라 성공적으로 수익을 올리는 회사에 대한 평가는 엄청났다. 이네트는 코스닥에 상장했고 파이언소프트도 코스닥 상장 직전까지 갔다. 이들은 투자금 이자만으로도 월급을 줄 수 있다는 말이 나올 정도로 IT계 최고의 블루칩으로 손꼽혔다.

이미 시장을 장악한 업체가 있다는 것이 그리 나쁜 일은 아니다. 규모가 큰 회사가 존재한다는 것은 그 시장이 어느 정도 돈이 된다는 것을 의미한다. 파이언소프트의 드래곤—아이가 히트하자 더 작은 몇몇 회사에서 보다 싼 가격에 유사한 소프트웨어를 만들었다. 이들 패키지는 드래곤—아이의 절반 정도 가격에 팔렸고 커스터마이징 비용도 저렴했다. 이러한 가격우위는 이네트와 파이언소프트의 높은 비용에 부담을 느낀 작은 회사와 소호들에게 강하게 어필했다.

코센 역시 저가로 승부할 수 있었다. 메이크샵을 저가 패키지로 내놓는다면 쇼핑몰 구축 외주작업을 할 때 과거처럼 처음부터 끝까지 힘을 들여 작업하지 않고 훨씬 쉽고 간편하게 할 수 있을 터였다. 작업이 빨라진 만큼 수익도 빠르게 올라갈 게 분명했고, 메이크샵이라는 소프트웨어를 통해 브랜딩도 훨씬 쉬워질 것이었다. 이런 이유로 주변 사람들은 메이크샵 무료화에 반대하고 패키지 소프트웨어 출시를 권했다.

컨설턴트	지금 코센의 영업이익이 1년에 얼마죠?
김기록 대표	3억 정도 됩니다.
컨설턴트	좋아요. 월 3천이라 하고 그중 재고로 빠지는 걸 제외하면 실제로 한 달에 쓸 수 있는 비용은 얼마나 되죠?
김기록 대표	실제로는 천만 원이 안 되죠.
컨설턴트	그걸로 회사를 굴릴 수 있나요? 부족한 돈은 어디서 충당하죠?
김기록 대표	쇼핑몰 외주를 하면 한 달에 500만 원쯤은 벌 수 있으니 그걸로 처리하죠.
컨설턴트	메이크샵을 패키지로 판매할 경우 한 달에 그 2배는 벌 수 있겠죠?
김기록 대표	그렇죠.
컨설턴트	그럼 이걸 패키지로 내놓아야겠어요? 무료로 풀어야겠어요?

김기록 대표	무료로…….
컨설턴트	……
김기록 대표	……

주변 사람들의 반응은 지극히 당연한 것이었다. 아래의 표를 보자.

선택지	매출 변화
패키지 소프트웨어	소수에게 고가로 팔아 곧바로 수익을 올린다. 고객 한 명에게 약 500만 원을 받을 수 있다. 1년에 20건 정도 수주하면 연 1억의 매출이 생긴다.
월 정액제	매월 안정적으로 수익을 창출한다. 고객 한 명에게 월 3만 원을 받으면 1년에 36만 원, 월 5만 원을 받으면 1년에 60만 원을 벌 수 있다. 고객 수가 200명이라면 1억 이상을 벌 수 있다.
무료	회원 수를 최대한 늘린 후 향후 수입 방안을 어떻게든 만들어본다. 어쨌든 한 푼도 못 번다.

첫 번째 선택지인 패키지 소프트웨어의 경우, 시장에서 통할 거라는 안정성을 어느 정도 인정받으면 단번에 연 5,000~6,000만 원의 추가이익이 보장된다. 이것은 잉여자본으로 고스란히 재투자할 수 있고, 산술적으로는 직원 한 명당 연 천만 원쯤 연봉을 올려줄 수도 있다. 반면 두 번째와 세 번째 선택지인 월 정액제나 무료는 쇼핑몰 구축 시장에 존재하지도 않았다.

그렇지만 코센은 메이크샵을 패키지 소프트웨어 형태로 발매하지 않기로 결정했다. 김기록 대표는 당장의 매출보다 이용자 확보가 더 중요하다고 봤다. 무료로 풀면 당장은 이익을 올리지 못하겠지만 쇼핑몰 창업자를 확보할 수 있다는 얘기다. 궁극적으로 그들을 모아 대형 쇼핑몰을 구축할 수도 있을 거라는 게 김기록 대표의 야무진 주장이었다.

돈의 유혹을 버리는 것은 쉽지 않았다. 그건 단순히 돈의 유혹이라기보다 생존본능에 가까웠으니까. 매달 월급날마다 스트레스를 받는 상황에서 그런 도박을 해야 하는지에 대해 고민이 따르지 않을 수 없었다.

그럼에도 김기록 대표가 무료화를 추진한 더 큰 이유는 기존과 전혀 다른 시장이 필요하다고 생각했기 때문이다. 설치형 시장은 이미 어느 정도 성숙해 있었다. 이는 안정적으로 돈을 벌 수 있다는 의미지만 동시에 그만큼 시장 확장에 어려움이 따른다는 것을 뜻하기도 했다. 특히 기존업체들의 규모가 커진 상황이라 코센 같은 영세업체들은 제살 깎아먹기 경쟁을 벌여 이익률이 계속 낮아질 게 자명했다. 그렇다면 위험하더라도 남들과 다른 시장을 창출하는 쪽이 더 현명한 선택이라 그는 생각했다.

먼 미래를 내다본 코센은 과감하게 무료화를 선택했다. 그건 어디까지나 100보 전진을 위한 1보 후퇴였다. 그러나 블루오션을 찾아내

김기록 대표의 생각은 맞았을까?

결과적으로 그의 생각은 틀렸다. 그 기회를 잡은 건 쇼핑몰 호스팅 업체가 아닌, 오픈마켓이었다. 하지만 플랫폼 사업자가 되어야 한다는 시각은 옳았다. 지금 인터넷계의 대기업은 대개 플랫폼이다. 페이스북, 카카오톡은 사용자의 관계를 기반으로 한 플랫폼이며 대형 쇼핑몰은 중소형 쇼핑몰이 입점한 플랫폼이 되었다.

기란 보통 어려운 일이 아니다. 시장을 창출하러 들어가면 대개는 그 시장이 존재하지 않기 때문이다.

시간이 흐르면서 코센 내에 무료화에 대한 부담이 팽배했다. 그러다가 나온 대안이 월 정액제다. 월 3만 원을 내는 고객 200명을 확보하거나, 월 5만 원을 내는 고객 100명을 확보하면 패키지 소프트웨어를 판매하는 수준의 수익을 올릴 수 있었다.

김기록 대표는 이 의견을 기각했다. 그는 "마트만 가도 할인코너가 딱히 붐비지는 않지만 시식코너는 붐비잖아."라는 말로 유료와 무료의 차이를 강조하며, 회사가 망할 상황이 아닌 한 무료정책을 밀어붙여야 한다고 주장했다. 이 용감한 결정은 '중요한 것은 쇼핑몰 창업자를 한 명이라도 더 끌어오는 것이고 여기에 방해되는 요소는 작은 것이라도 제외해야 한다'는 생각에서 나온 것이다.

그렇게 모두가 반신반의하는 상태에서 메이크샵 개발이 시작되었다. 그건 김기록 대표의 꿈이 시작되는 순간인 동시에 임성진 개발이사에게 또 하나의 지옥문이 열리는 순간이었다.

기획자와 개발자의 입장은 언제나 상반된다. 기획자는 새로운 아이디어를 던지고 개발자는 그것을 실현하는 까닭이다. 물론 어느 정도 경험이 있는 사람은 개떡같이 말해도 찰떡같이 알아듣는다. 그러나 개떡도 개떡 나름인데 당시 기획 경험이 일천했던 김기록 대표는 그냥 A4 한 장에 아이디어를 대충 그려 던지기 일쑤였다(참고로 2014년에도 이러고 있다. 대표니 자를 수도 없고……).

어쨌든 사장의 명령이니 임성진 개발이사는 울며 겨자 먹기로 개발에 들어갔다. 새로운 개념의 서비스인 만큼 개발은 쉽지 않았다. 물론 소비자의 시야에는 '무료'가 들어왔지만, 코센의 시야에는 '사용자 확보'가 우선이었다.

그렇게 2개월 만에 메이크샵이 출시됐다. 다소 엉성하긴 했지만 코센은 결혼 몇 년 만에 첫 아이를 순산한 것처럼 축제 분위기였다. 얼마 후 다가올 육아의 고통도 모른 채.

한국 최초의 무료 쇼핑몰 ASP, 메이크샵의 탄생

요즘 먹고살기 어렵다는 말을 많이들 하지만 사실 20년 전과 비교하면 살림살이가 엄청 좋아졌다. 당시 소형차 한 대 갖는 것이 소원이던 서민들은 이제 중형차를 아무렇지도 않게 끌고 다니며, 가족끼리 단란하게 라면을 먹던 시절을 뒤로하고 패밀리 레스토랑에서 외식을 즐긴다. 이러한 풍요로움 속에서는 '잘 만드는 것'이 아니라 '잘 파는 것'이 중요해졌다.

코센도 메이크샵을 내놓고 어떻게 해야 잘 팔 수 있을지 엄청나게 고민을 했다. 무료이니 만큼 사용자들이 무조건 많이 써주면 좋겠지만 현실은 그렇지 않았다. 오히려 사람들은 의구심을 보이며 기존의 고가 패키지 소프트웨어에 대한 신뢰를 버리지 않았다. 또한 돈을 내면 당연히 물리적인 소프트웨어가 와야 한다는 생각은 쉽사리 깨지지 않았다.

코센은 이를 극복하기 위한 방법을 찾고자 고심했다. 돈이 많으면 광고와 홍보로 융단폭격이라도 가하겠지만 간신히 월급을 주는 회사에서 이는 불가능했다. 최선의 대응책은 네이밍 전략 정도였다. 사람들이 메이크샵을 신뢰하지 않는 이유는 '물리적 소유감'이 없기 때문이었다. 그렇다면 이름을 '임대형 쇼핑몰'로 지어 실제로 갖고 있다는 느낌을 주는 건 어떨까? 코센은 이 아이디어를 뒷받침하기 위해 설치에 필요한 CD와 설명서를 우편으로 배송했다. 사실 CD와 설명서는 웹으로 제공해도 별 문제가 없었지만 조금이라도 소비자를 안심시키려는 의도였다.

사람들이 메이크샵에 의구심을 보인 이유

요즘엔 패키지 소프트웨어를 찾아보기 힘들다. 윈도는 PC를 구입할 때 번들로 따라오는 게 아닌 한 CD키만 구입하는 경우가 많고(물론 불법복제가 압도적으로 많겠지만), 오피스나 포토샵 같은 소프트웨어는 월정액으로 사용하는 경우가 많다(이것도 불법복제가 압도적으로 많겠지만). 그러나 2000년 무렵에는 대부분의 거래가 패키지 소프트웨어로 이뤄지고 있었다.

철옹성 같던 시장에 변화의 칼날을 들이댄 주역은 게임업계였다. 리니지 등 MMOG(다중 접속 온라인 게임)는 일찍부터 월정액 시스템을 정착시켰다('다중 접속'이란 말이 어려우면 그냥 여러 명이 편을 먹고 몬스터를 퇴치하는 게임이라고 이해해도 좋다). 게임업계와 달리 업무용 소프트웨어 시장에서는 주로 ASP(Application Service Provider)라는 용어를 사용한다. ASP란 소프트웨어 임대 어플리케이션, 즉 웹상에서 패키지 형태가 아닌 서비스를 제공하는 것이다. 월정액을 내고 웹에서 오피스나 포토샵을 사용하는 형태와 유사하다고 생각하면 된다.

2000년 당시에는 ASP라는 용어조차 정립되어 있지 않았다. 그 무렵에는 ERP(기업 내 통합정보시스템), 회계 관리 등도 전부 패키지로 판매했다. 사람들은 물리적 형태의 패키지 소프트웨어 외에 다른 뭔가를 떠올리기는 힘들었고, 그 탓에 사람들은 ASP에 신뢰를 보내지 않았다. 메이크샵은 게임도 아니고 돈을 벌기 위한 소프트웨어라서 그런지 사람들은 더욱 신중했고 코센은 걱정이 태산일 수밖에 없었다.

선전할 곳이 없어 막막하던 차에 다행히 야후 디렉토리 등록이 통과됐고 알타비스타, 다음 등 검색엔진에도 등록되었다. 그리고 평소처럼 향수 쇼핑몰을 운영해 겨우 밥은 굶지 않던 중 사무실의 전화벨이 요란스럽게 울려댔다.

고객	여보세요? 거기가 메이크샵인가요?
김기록 대표	아닙니다. 여기는 코리아센터닷컴입니다.
고객	아, 거기 02−7××−8××× 아닌가요?
김기록 대표	맞는데요. 아, 어디를 찾으신다고요?
고객	메이크샵이요.

이쯤에서 반복학습 좀 하자.

코센은 코리아센터닷컴이고 여기서 내놓은 쇼핑몰 ASP가 메이크샵이다. 김기록 대표는 메이크샵을 만들어놓고도 고객이 한 명도 없어 이름 그 자체를 까먹고 있었던 것이다. 갑자기 정신을 차린 김기록 대표는 최대한 비굴모드로 변해(사실 공짜니까 그럴 필요는 없는데), 아니 지극정성을 다해 고객에게 답변했다.

그렇게 한 달 만에 첫 고객이 탄생했고 이후 입소문을 타면서 고객이 꾸준히 늘어나기 시작했다. 그 추세는 향수 쇼핑몰보다 더욱 빠르게 달렸고 불과 10개월 만에 이용자 수가 100명을 넘어섰다.

그때 김기록 대표는 깨달았다. 역시 사람들은 공짜를 좋아한다는 단순한 진리를. 메이크샵의 성장세는 직접 보면서도 믿기 어려울 만큼 놀라웠다. 이전까지는 쇼핑몰을 하나 만들려면 최소한 300만 원은 써야 했는데, 그걸 공짜로 하게 됐으니 가히 오병이어의 기적(예수가 떡 다섯 개와 물고기 두 마리로 5천 명을 먹였다는 기적적인 일)으로 보일 법했다.

이제 남은 건 김기록 대표가 원하던 것처럼 많은 메이크샵 사용자, 즉 쇼핑몰 창업자를 기반으로 대형 쇼핑 포털을 만들어 그 수수료만으로 앉아서 먹고사는 것이었다.

앞선 무료화, 앞선 자금난, 앞선 소화불량

그럼, 김기록 대표가 원하던 것처럼 메이크샵 기반의 쇼핑 포털이 탄생했을까? 그럴 리가! 만약 거기에서 성공했다면 김기록 대표는 신세대 재벌로서 〈포브스〉의 한국판 표지모델로 등장했을지도 모른다. 뭐 그 정도는 아니라도 한국의 잘나가는 청년 사업가라고 〈에스콰이어〉나 〈아레나〉 같은 남성지의 모델쯤은 하지 않았을까?

아쉽게도 전혀 예상치 못한 문제가 툭 불거졌다. 메이크샵 이용자가 늘어도 너무 늘어난 것이다. 이용자가 대책 없이 늘어나면서 매일 고객문의가 속출했다. 메이크샵이 잘 만든 소프트웨어란 생각은 코센만의 착각이었다. 1인 개발자가 만든 소프트웨어였기에 한계가 있을수밖에 없었다. 점점 사소한 개편 요청까지 받아들이다 보니 더 이상 쇼핑몰 외주를 하기 어려웠고 수익은 이전보다 줄어들었다. 향수 쇼핑몰의 수익 개선으로 어느 정도 커버를 했지만 역부족이었다.

서버 증설도 골칫거리였다.

초기 몇 개월은 한 대의 서버로도 넉넉하게 돌아갔지만 6개월이 지나자 두 대의 서버로도 부족했고, 10개월째에는 회사에 서버실을 따로 마련해야 했다. 서버 구입 및 관리 비용은 고스란히 코센의 몫이었다. 향수 쇼핑몰과 쇼핑몰 구축 외주 작업으로 아슬아슬하게 운영되던 회사는 본격적인 적자로 돌아섰고 근근이 모아둔 현금은 고갈되기 시작했다. 뭔가가 잘못돼도 한참이나 잘못된 것 같았다. 회의 시간엔 언제나 분위기가 암울했다.

김기록 대표	임 이사님.
임성진 이사	네.
김기록 대표	이거 누가 무료로 풀자고 했습니까?
임성진 이사	사장님이요.
김기록 대표	……
임성진 이사	……

《무한동력》이라는 만화를 보면 기막힌 명대사가 나온다.

"죽기 전에 먹지 못한 밥이 생각나겠는가, 못다 이룬 꿈이 생각나겠는가?"

여기서 주인공은 못다 이룬 꿈을 떠올리지만, 현실에서는 먹지 못한 밥이 생각나게 마련이다. 당장 회사가 망할지도 모르는 판에 어찌 꿈까지 떠올리겠는가. 쇼핑 포털 구축을 목적으로 무료로 제공한 메이크샵은 채 1년도 지나지 않아 돈 먹는 하마가 됐다.

사내에서는 무료화를 갑자기 취소할 수는 없으니 차선책으로 메이크샵을 젖혀두고 개발 인원을 충원해 다시 쇼핑몰 구축 외주 사업으로 현금을 확보하자는 의견이 다수였다. 어차피 메이크샵 사용 고객은 불만이 별로 많지 않았기 때문이다. 가끔 고객간담회를 열면 불만은 있지만 무료로 이런 서비스를 제공하는 것만 해도 감사하다는 의견이 지배적이었고, 그래서 불만 처리가 늦어도 별 문제는 없었다. 그리고 메이크샵 입점 고객이 늘어나면서 포트폴리오가 훨씬 다양해졌기 때문에 쇼핑몰 구축 외주는 오히려 수월해 진 감이 있었다.

어찌된 노릇인지 김기록 대표는 이번에도 다수의 의견을 거절했다. 고객이 개편을 원하면 당연히 처리해줘야 한다는 것이 그 이유였다. 그는 고객의 불만이 넘쳐나도 접수되는 것은 빙산의 일각인데 그조차 제때 처리하지 못하면 장기적으로 서비스가 외면 받을 거라고 주장했다.

물론 무료화는 사용자층 확보를 위한 투자 개념이었고 사용자는 분명 빠른 속도로 늘어나고 있었다. 더구나 쇼핑몰 시장은 확대될 게 확실해 보였고 메이크샵 사용자들은 소중한 잠재적 자원이었다. 여기까지 왔는데 당장 눈앞의 이익에 집착할 수는 없었다. 코센은 결국 계속해서 메이크샵에 집중하기로 결정했다.

그런다고 없는 돈이 어디서 툭 떨어진 것은 아니었다. 김기록 대표는 메이크샵 출시 이후 초기의 인기를 이야기하며 "요즘 카카오톡의 기분을 알 것 같다."라고 했지만, 그 둘은 기반 자체가 달랐다. 카카오톡의 대주주이자 이사회 의장은 한게임 사장이던 김범수 씨다. 그는 쉽게 망하게 할 리도 없었고 풍부한 자금력으로 다양하게 도전할 수도 있었다. 반면 코센에는 그런 게 존재하지 않았다. 주주는커녕 당장 회비와 전기요금을 아끼려고 고민하는 사람들뿐이었다.

선택지는 없었다. 유료화를 할 수 없으니 투자를 유치하는 수밖에.

실패한 투자

수리탐구영역 문제 1.
매출은 적고 그나마 그 매출도 향수 쇼핑몰에 재투자되는 상태. 마른 수건도 더 쥐어짜 겨우 남긴 돈과 인력은 모두 메이크샵에 투입해야 하는 상태. 이 상태를 가장 잘 요약하는 단어는?

정답 : 적자

그렇다. 코센은 적자에 시달렸다. 남은 대책이라곤 외부 투자뿐이었다. 코센이 회사 문을 닫게 되지는 않을까 전전긍긍하며 시달리던 때는 인터넷계에 돈이 넘쳐나던 2000년이다. 그때는 제대로 된 사업모델도 없는 IT회사들이 신문에 사업설명회와 주주공모 광고를 버젓이 올려댔다. 멋모르는 사람들은 거기에 마구잡이로 돈을 쏟아 넣었다. 인츠닷컴이나 한때 농구단까지 운영하던 골드뱅크가 그 대표적인 사례다. 하다못해 도메인만 좋아도 수익을 받던 시절이었다.

이런 일이 가능했던 이유는 IT산업이 신생산업이다 보니 가치 평가 기준이 제대로 서지 않았기 때문이다. 어느 정도였냐면 IT기업의 가치평가에서 가장 중시한 요소가 '회원 수'였다. 당시 회원 수의 가치 평가는 엄청나게 고평가됐고 심지어 회원 1인당 1만 원에 평가받기도 했다. 그러다 보니 회원가입만 하면 잡지를 무료로 배송해주기까지 했다. 1만 원을 투자받고 5천 원 정도의 잡지를 만들어 쓰는 건 남는 장사가 아닌가. 그로부터 10년이 지난 지금 회원 수만으로 엄청난 투자를 받은 기업들은 대부분 역사의 황혼 속으로 사라졌다.

또 시장을 파악하는 능력이 부족해 겉만 번지르르한 회사에 많은 돈이 투자됐다. 대표적인 곳이 콘텐츠 업계다. 당시 인터넷으로 영화를 볼 수 있는 스트리밍 서비스에 엄청나게 많은 돈이 들어왔다. 영화를 보려면 영화관에 직접 가야 했던 구조가 집에서 편히 영화를 볼 수 있는 인터넷 영화관으로 재개편된다는 것에 대한 기대감이 컸던 까닭이다.

그러나 그 시장은 지금에 와서야 겨우 꽃피우려 하고 있고 그 매체도 컴퓨터가 아닌 IPTV로 이루어지고 있다.

지금 생각해보면 좀 놀랍다. 가장 안 되는 곳에만 돈이 집중된 꼴이니 말이다. 그래도 워낙 돈 잔치가 벌어지고 있던 판국이라 나머지 작은 회사도 운만 좋으면 그럭저럭 투자를 받을 수 있었다. 오죽하면 모든 돈은 벤처가 집결된 테헤란로의 룸살롱으로 모인다는 말이 다 있었을까. 당시 테헤란로에서는 그야말로 광란의 파티가 벌어졌다고 한다. 룸살롱 여직원에게 팁을 100만 원이나 안겨주는 게 다반사일 만큼 벤처에 엄청난 돈이 유입되고 있었다.

　　김기록 대표는 룸살롱 여직원은커녕 웨이터의 얼굴도 못 봤다. 그는 몇 달 동안 온갖 벤처캐피털을 찾아다녔지만 투자를 받지 못했다. 그 나름대로 잘나가는 쇼핑몰에다 다수의 쇼핑몰 외주 제작 경력도 갖췄고, 시장에서 호응이 좋은 '메이크샵'이라는 서비스까지 있는데 왜 투자를 받지 못한 것일까? 김기록 대표의 대답은 말문이 막힐 정도로 간단하다.

　　"받는 방법을 몰랐기 때문입니다."

　　사업을 벌이긴 벌였으되 코센은 아직까지 아마추어였다. 조금만 노련미를 더해 사업기획서, 흔히 말하는 장표만 만들면 몇 억쯤은 끌어 모을 수 있었음에도 그런 자세가 전혀 갖춰져 있지 않았다. 서비스에 대한 코센의 자신감은 하늘을 찌르고도 남았지만 투자자들은 코센을 외면했다. 무엇보다 메이크샵이란 모델이 그들에게 전혀 먹히지 않았다. 기업 이름만 좀 쌈박해도 그럭저럭 관심을 끌던 시절이었지만 이름부터 투박하니 그야말로 답이 없었다(코센이라는 이름이 별로라는 생각은 당시 사람들도 했나 보다). 참고로 미국 최대 뮤추얼펀드 피델리티 마젤란펀드의 디렉터 피터 린치는 이름이 멋진 회사에 투자할 때 주의하라는 말을 남기기도 했다.

　　투자할 사람도, 남은 돈도 없었다. 이제 살아남을 방법은 대출

뿐이었다. 그러나 은행들은 코센의 대출 요구를 매몰차게 거절했다. 돈이 넘치던 벤처캐피털과 달리 당시 은행업계는 IMF에서 벗어난 지 얼마 되지 않았던 시기라, 대출을 극도로 제한하고 높은 이율을 유지하고 있었다. 결국 코센이 손에 쥔 돈은 직원들끼리 연대보증을 서가며 은행에서 빌린 돈 300만 원이 전부였다. 그 돈은 김기록 대표가 예전에 대기업에서 받던 월급 수준에 불과했지만 당시 그는 그 돈이 마치 3억 원처럼 여겨졌다고 했다. 그만큼 힘든 시기였다. 김기록 대표는 그때를 이렇게 회상한다.

"억울했죠. 그때는 인터넷 공모만 하면 9억 9천만 원이 투자금으로 꽂혔어요. 매일 신문에 몇 분 만에 9억 9천만 원이 공모됐는지 기사가 떴죠. 법적으로 10억 이상에는 제한이 있었으니 그 정도지 하루에 100억이라도 꽂힐 기세였지요. 우리는 기술도 있고 서비스도 있는데 아무도 대출해주려 하지 않았어요. 어찌 보면 그런 경험이 있었기에 지금의 코센이 있는 것인지도 몰라요. 투자받지 못한 게 오히려 약이 되어, 있는 돈을 굉장히 가치 있게 썼으니까. 다른 벤처들처럼 어차피 돈은 계속 들어올 테니 하면서 마구 쓰다가 결국 주식을 휴지 조각으로 만드는 일은 없었어요. 결과적으로 운이 좋았다고 볼 수도 있지요."

얼마로 느끼든 300만 원은 300만 원이다. 김기록 대표는 부모 형제는 물론 친구까지 끌어 모아 겨우 1,000만 원을 더 마련했다. 또다시 투자를 받기 위해 투자자라는 투자자는 몽땅 만나고 다녔지만, 그들은 메이크샵 모델에 도무지 흥미를 느끼지 못했다. 무엇보다 주요 가치평가 지표인 회원 수가 너무 적었다. 그들은 메이크샵 사용자인 쇼핑몰 운영자들의 수입이 얼마인지에는 관심이 없었다. 김기록 대표는 도저히 미래가 보이지 않아 회사를 그냥 정리할까 하는 생각도 했다. 그때 그를 붙잡은 것은 직원도, 가족도 아닌 오기였다.

"솔직히 나도 사람인지라 그만두고 싶었죠. 그게 쉽지 않았던 건 우리를 지켜보던 눈 때문입니다. 당시 코센이 작은 회사이긴 해도 전자상거래 업계에서는 메이크샵을 다 알고 있었거든요. 그런데 그 사람들이 메이크샵이 언제 망할지 지켜보고 있었어요. 작은 회사가 대박을 내려고 말도 안 되는 짓을 한다는 게 그들의 생각이었거든요. 잘난 인맥 덕에 투자금 잔뜩 받아서 우리 회사를 무시하는 시선은 더욱더 참을 수가 없었어요. 대박은 아니더라도 절대 망할 수는 없다고 생각했죠."

김기록 대표는 인맥을 욕했지만 결국 세상은 인맥이었다. 그의 전 직장상사가 어느새 벤처캐피털로 직장을 옮겼던 것이다. 그 직장상사는 어떻게 좀 1억 원만 해달라는 김기록 대표의 말에 그거 가지고 뭘 하겠느냐며 3억 원 정도 더 해줄 테니까 대박 한 번 터트려보라고 격려했다. 그는 IT 출신이 아니라서 메이크샵에 대해 잘 몰랐지만 순전히 김기록 대표를 보고 일단 5,600만 원을 투자했다.

코센은 금세 잔칫집 분위기로 돌변했다. 4~5억 원이면 2년 이상 운영할 수 있는 돈이었다. 생사를 오락가락하다가 더 이상 생존에 목맬 필요가 없게 됐으니 그 심정이 오죽하겠는가. 계획은 찬란했다. 돈을 받은 그다음 주에 코센은 메이크샵 지하철 광고로 3,000만 원을 썼다. 3억 원이 더 들어오면 메이크샵을 마음껏 홍보하고 또 개편해 가입자를 늘려 나갈 수 있다는 자신감으로 가득했다. 김기록 대표와 그의 상사가 술자리에서 마주하기 전까지는.

상사	야, 미안하다. 남은 돈은 못 줄 것 같다.
김기록	……
상사	너도 알다시피 요즘 벤처업계 버블이 심하잖아. 그것 때문에 우리 회사도 투자금액을 확 줄이게 됐어.
김기록	……
상사	그래도 너네 회사는 작으니까 5,000만 원이면 몇 달은 버틸 수 있잖아. 응? 힘내고. 나도 따로 뭐 도와줄 거 있으면 도와줄게. 알았지?
김기록	선배님.
상사	응?
김기록	다 썼어요.
상사	……

　　쥐구멍에 볕이 들어와 기뻐했더니 고양이 발도 들어온 격이었다. 그 계획이 틀어지자 코센은 또 어디선가 돈을 마련할 방도를 찾기 시작했다. 이제 남은 길은 유료화뿐이었다.

유료화, 무작정 시작하기

유료화를 앞두고 코센의 직원들은 두 가지 지표, 즉 고객 수와 전환율(유입고객 중 소비고객, 서비스 사용 고객 중 유료고객의 비중) 때문에 고민이 깊어졌다. 사용자 수가 많으면 전환율이 낮더라도 수익을 낼 수 있고, 반대로 사용자 수가 적더라도 전환율이 높으면 수익을 낼 수 있다.

이리저리 머리를 굴려봤지만 유료화를 시도해보기 전에는 어떤 결과가 나올지 알 수 없다는 결론만 나왔다. 아무리 희망적으로 생각하려 해도 계속해서 발목을 잡는 게 하나 있었다. 그건 바로 고객 불만이었다. 운동장을 만들어놓고 돈 받지 않을 테니 마음껏 쓰라고 했다가, 갑자기 돈을 받겠다는 식의 대응에 사람들이 얌전히 돈을 낼지 의문이었다.

물론 믿는 구석이 아예 없었던 것은 아니다. 사실 갑작스레 유료화를 시도해도 고객이 빠져나갈 여지는 적었다. 김기록 대표는 이를 대학등록금에 비유한다.

"대학교에서 등록금을 올린다고 학생들이 학교를 그만두지는 않아요. 학생들은 졸업장을 받기 위해 입학한 거고, 그만둔다고 해도 마땅히 대안이 없으니까 그냥 다니는 거예요. 메이크샵도 마찬가지였죠. 유료화를 한다고 갑자기 다른 서비스를 이용할 것 같지는 않았어요. 다른 서비스를 사용해 쇼핑몰을 만들려면 적어도 몇 백은 써야 하니까."

그래도 고객의 생각을 읽는 건 중요했다. 유료화가 끝이 아니라 고객 불만을 최소화해 고객이 기꺼이 돈을 내도록 만들어야 했기 때문이다. 딱히 떠오르는 방법이 없었다. 그때 코센이 택한 방법은 고객을 직접 찾아가는 것이었다. 코센은 하루에 10명을 방문하는 것을 목표로 한 달간 쇼핑몰 창업자를 일일이 찾아가 유료화 계획을 밝히고 의견을 물었다.

코센의 우려와 달리 고객들은 오히려 유료화를 반겼다. 임성진 개발이사는 당시의 상황을 이렇게 말한다.

"믿기 힘들겠지만 말을 다 꺼내기도 전에 앞장서서 돈을 주고 싶다고 하는 고객도 있었어요. 왜냐하면 우리가 그동안 고객 요청을 다 들어줬거든요. 무슨 기능이 불편하다거나 어떤 기능이 필요하다고 요구할 때마다 업그레이드를 해줬어요. 그러다 보니 고객들이 점점 무료로 서비스를 받는 게 미안하다며 돈을 낼 방법이 없겠냐고 묻더군요. 그쯤 되니 유료화를 진행해도 되지 않을까 하는 자신감이 생기더라고요."

고객과의 접촉은 또 다른 사실도 깨우쳐주었다. 고객이 생각보다 많은 불만을 안고 있다는 점이었다. 그들은 불편한 점이 있어도 그냥 참으며 사용하고 있었다. 어차피 무료라 말하기가 미안해서 불만을 꾹 누르고 있었던 것이다. 결과적으로 코센의 민생 대장정(?)은 의외의 성과를 냈다. 많은 개선사항을 알게 되었을 뿐 아니라, 쇼핑몰 창업자들의 삶과 업무 상황까지 파악하게 된 것이다.

의혹이 완전히 걷힌 것은 아니지만 고객과의 만남에서 다소 용기를 얻은 코센은 2000년 10월 기존의 메이크샵 서비스를 업그레이드한 유료버전으로 '메이크샵 프리미엄'을 내놓았다. 유료버전에 추가된 기능은 매우 많았고 그것은 하나같이 고객의 필요에 부합했다. 그도 그럴 것이 쇼핑몰 창업자들을 만나 직접 들은 내용을 반영했기 때문이다.

코센은 유료화에 따른 고객 불만을 최소화하기 위해 무료버전을 그대로 유지했다. 무료로 쓰고 싶으면 쓰고, 좀 더 좋은 서비스를 받고 싶으면 유료버전으로 옮겨오라는 메시지였다. 그렇게 유료화를 단행하면서 월 정액료로 5만 5천 원을 책정했다. 다소 비싼 가격(참고로 2013년 아도비 CS 사용료가 이 정도다)임에도 고객들은 애초에 서비스를 무료로 썼다는 점에서 약간의 부채의식이 있었고, 또 개선된 기능이 자신들의 필요에 부합했던 터라 3개월 만에 95퍼센트의 고객이 유료버전을 사용할 만큼 큰 호응을 보냈다. 그리고 채 6개월도 지나지 않아 무료버전은 사라졌다.

유료화, 정말 그렇게 어려웠나?

너무 쉽게 유료화에 성공한 것처럼 보여 노파심에 첨언한다.

유료화는 인터넷 업체에 머리끝에서 발끝까지 엄청나게 스트레스를 주는 이슈다. IT업계에서 유료화는 해리포터를 괴롭힌 악당 '볼드모트'처럼 함부로 말을 꺼낼 수조차 없는 단어다. 이 어려움을 이야기하기 위해 잠시 2007년으로 시계를 돌려보자.

IT업계에서 엄청난 통찰력을 보여준 크리스 앤더슨은 《롱테일 경제학》을 저술한 데 이어 2007년에 '프리코노믹스'를 주장했다. 프리코노믹스란 공짜와 경제의 합성어로 인터넷 시대에 새롭게 등장한 경제모델을 말한다.

그럼 우리의 현실을 간단하게 살펴보자.

국민의 80퍼센트가 사용하는 네이버, 우리는 네이버에 별도 과금서비스 사용료를 지불하지 않는다. 네이버에서 무료 검색은 물론 메일, 카페, 블로그 등 다양한 서비스를 사용하면서도 말이다. 우리는 싸이월드, 페이스북, 카카오톡에서 수많은 친구와 말을 주고받으며 삶을 공유하지만 여기에도 돈을 지불하지 않는다.

크리스 앤더슨은 이런 현상이 풍요에서 비롯되었다고 말한다. 한때 밥 한 끼에 벌벌 떨던 우리는 이제 마트에서 물건을 상자째 사온다. 정보도 마찬가지다. 예전에는 과제를 하나 제출하려면 도서관을 샅샅이 뒤져야 했다. 요즘은 어떤가? 그냥 컴퓨터 앞에 앉아 관련 논문을 검색해 다운로드받고 검색 사이트에서 기타 정보를 뒤지면 그만이다(물론 상당수가 과제 사이트에서 다운받는 것 같지만).

이 풍요의 시대에 공짜 경제의 문이 활짝 열렸다. 이제 많은 것이 무료다. 앤더슨은 이를 버저닝이라는 용어로 설명한다. 버저닝이란 고객 개개인의 선호와 필요에 따라 다양한 버전을 제공하고, 서로 다른 가격 책정으로 전체 수익을 극대화하는 것을 말한다.

가령 처음에 일반석만 있던 항공기는 점차 가격차별이 있는 비즈니스석 좌석을 늘려갔다. 또 인기 있는 책은 이제 양장본으로 출간한 후 가벼운 페이퍼백(paperback)을 내놓는다. 대부분의 소프트웨어는 프로버전과 기본버전을 제공한다(우리가 불법복제를 너무 많이 써서 잘 모를 뿐이다. 뭘 쓰든 프로버전 기능을 별로 쓰지도 않지만).

버저닝은 인터넷에서 더욱 극단화되었다. 이제 인터넷 사업은 비용이 0으로 수렴한다. 물론 사업 규모가 크다 보면 사업 관리자가 사무실을 써야 하고 서버도 잔뜩 갖춰야 한다. 그래도 사용자에게 제공하는 서비스가 아날로그가 아닌 디지털이라 실물 제품을 사고파는 기존 산업에 비해 비용이 극단적으로 적게 들어간다. 결국 인터넷 사업에서는 대부분의 서비스 비용이 공짜를 향해 수렴한다.

인터넷 사업체는 고객을 유치하고 그 고객 수로 또 다른 수입원을 창출한다. 이로 인해 인터넷은 양극화가 진행된다. 즉, 특정 사이트에만 사용자가 몰리고, 그 사이트는 많은 사용자 수를 기반으로 다양한 사업을 벌여 부가이익을 얻는다.

이런 이야기가 공식화된 것은 2007년 미국에서다.

코센이 어려움을 겪던 시절은 2000년이었고 장소는 한국이었다. 프리챌이 유료화를 시도하다가 실패한 게 2002년의 일이니, 2000년에는 아예 유료화 개념이 없었다는 시각이 더 적절할지도 모른다. 게임조차 제대로 유료화 시스템을 갖추지 못한 시대에 메이크샵이 버저닝을 통해 유료화에 도전했으니, 그 불안감은 이루 말할 수 없을 만큼 컸다.

유료화에 성공한 코센은 재정적 어려움에서 벗어날 수 있었다. 10명 남짓한 직원에서 500명 규모의 직원을 갖춘 기업이 되기까지는 아직도 넘어야 할 산이 많았지만, 그중 가장 크고 아름다운 산을 넘은 건 분명했다.

이승환	사장님, 안녕하세요. 오호호호호
김기록	오늘은 또 무슨 일로 나를 찾아?
이승환	네. 이야기가 여기까지 진행되었는데, 사장님께 경영 통찰력 좀 얻어 보려고요.
김기록	그런 거 없어.
이승환	……
김기록	있으면 컨설팅을 하지. 내가 왜 사업을…….
이승환	아무튼 책을 써야 하니 질문을 좀……. 먼저 왜 메이크샵을 무료로 풀어버린 겁니까? 역시 쇼핑 포털을 만들기 위해서인가요?
김기록	아니, 그것도 생각했지만 솔직히 그때는 쇼핑 포털 개념이 거의 없었어. 그보다는 무료면 고객들이 만족하니까.
이승환	고객만족도 좋지만 결국 사업에서 중요한 건 이익 아닙니까? 기업의 존재 이유는 이익창출이라고 학교에서도 배우는데.
김기록	아니지. 학교를 열심히 다니지는 않지만 피터 드러커도 기업의 존재 이유는 '고객창출'이라고 했잖아.

이승환	그렇다면 돈은?
김기록	흔히들 돈을 벌려고 사업을 한다지만, 돈 벌기 위해 비즈니스를 시작하면 다 망해.
이승환	왜죠?
김기록	음, 돈을 벌려고 하면 원가를 생각할 수밖에 없거든. 뭐, 당연한 거긴 한데 거기 매몰되기 십상이야. 그럼 굉장히 짧게 보게 돼. 단편적으로 본다는 거지.
이승환	결국⋯⋯, 고객이다?
김기록	길게 봐야지. 길게 보면 돈을 번다는 건 내가 만든 서비스로 고객을 만족시키는 거야. 그게 돈을 버는 지름길이자 유일한 길이지. 그거 말고는 돈 벌 길이 없어. 고객에게 맞게 약간 포장을 잘해서 팔 수도 있겠지. 근데 그건 한 번으로 끝나.
이승환	흔히 포장을 잘하는 걸 '약을 판다'고 하죠. 저도 한때 그런 게 싫었지만, 조금씩 사회 경험을 쌓다 보니 그것도 비즈니스에 더없이 중요한 요인이라 생각합니다.
김기록	대부분의 사람들이 돈을 번다는 걸 고객을 설득하는 일로 생각해. 그게 아니라 고객을 만족시켜야 해. 우리 회사가 계속 발전해온 건 항상 고객을 만족시키려 하다 보니 커진 것뿐이지, 돈을 벌려다 보니 커진 게 아니야.
이승환	고객을 만족시키려 하다 보면 돈은 자연히 따라온다?
김기록	물론 그렇지는 않지. 사업이란 게 워낙 어렵기도 하고 또

온갖 운이 작용하기도 해서……. 메이크샵 초기에 경쟁
자들이 엄청났잖아? 세계적으로 주목받는 기업들이었어.
그런데 왜 메이크샵만 크고 그 큰 기업들은 살아남지 못
했냐 하면, 난 역설적으로 그들이 너무 빨리 성공했기 때
문이라고 봐.

이승환   빨리 성공해서 망할 거면 당장 페이스북부터 망해야 할
것 같은데…….

김기록   아, 그게 타이밍이라는 건데…… 우리보다 먼저 쇼핑몰
솔루션을 연 회사들은 B2B 시장을 빠르게 창출했잖아.
우리는 한 발 늦게 진입했고. 근데 B2B라는 게 고객관리
측면에서 B2C와 완전히 개념이 달라. 한 번 납품하고 끝
난 다음 소수의 담당자와 A/S를 위해 연락하는 정도지.
반면 메이크샵은 B2C에 가까운 개념이었고, B2C는 고
객 클레임이 끝없이 들어오거든. 거기에 일일이 맞춰줘
야 하지. 사실 우리 경쟁자도 뒤늦게 B2C로 뛰어들었어.
자본금이 빵빵하니 우리보다 유리했지. 그런데도 그들
이 경쟁우위를 점하지 못한 데는 B2B라는 태생적 한계가
커. B2B라면 담당자들 간에 '이 정도면 되겠지'라는 합의
가 통하지만 B2C는 그렇지 않거든. 이해시켜야 하는 고
객이 너무 많으니 엄청 쉽게 쓰도록 만들어야 하고, 그렇
게 해도 불만은 많고……. 우리는 후발주자라 B2C로 갈
수밖에 없었지만 그 때문에 오히려 처음부터 이득을 본

케이스지.

이승환　고객 제일주의는 이제 다들 당연하게 여깁니다. 하지만 문제가 있습니다. 일단 고객에게 맞추는 데 한계가 있고요. 또 그 비용은 어떻게 감당합니까?

김기록　당연히 이상적으로 막 퍼줄 수는 없고 그 줄타기가 엄청나게 어렵지. 그래도 난 이해타산적으로 비춰질 바에야 퍼주는 게 낫다고 봐. 서비스 안주 아끼지 않는 술집이 장사 안 되는 경우는 많지 않아.

이승환　아무튼 벤처기업이 이렇게 컸습니다. 요즘 또 다시 벤처붐이 일고 있는데, 우리 꿈나무들에게 하고 싶은 말이 있다면?

김기록　솔직히 난 젊은 친구들에게 벤처하라고 권하고 싶지 않아.

이승환　나는 잘났으니까 성공했지만, 너희는 할 수 없다? 뭐, 이런 뜻으로 해석해도 됩니까?

김기록　그건 아니고, 나도 멋모르고 시작했지만 그때는 그래도 벤처에 투자하려는 사람도 많았고 또 초기라서 덩치 큰 경쟁자가 별로 없었거든. 그런데 지금은 너무 큰 경쟁자가 많아. 대기업이 구멍가게 죽인다고 하는데 솔직히 무한경쟁이잖아. 나도 벤처 출신이니 전혀 공감을 못하는 건 아니지만 그게 현실이야.

이승환　너네는 평생 회사의 녹이나 먹으라…… 뭐 이런 얘기인가요?

김기록　　그보다는 젊을 때 바로 창업하기보다 좀 더 일을 하고 벤처에 뛰어들었으면 좋겠어. 중요한 건 나도 짧지만 사회생활을 경험했다는 거야. 사회생활을 조금이라도 하고 나가는 게 벤처하는 데 훨씬 더 유리해.

이승환　　대출받을 때 서러움이 뼈에 사무쳤을 것 같습니다.

김기록　　그렇지, 초창기에 300만 원밖에 빌리지 못했을 때. 개인도 아니고 회사가 그것밖에 못 빌린다는 게 정말 억울했지. 내가 항상 생각하는 게 대한민국에서 벤처는 정말 먹고 살기 힘들어. 시제품을 양산하려면 투자나 대출이 필요한데 은행에 가서 돈 달라고 하면 매출도 없고 부동산도 없다고 안 줘. 맡길 거 없음 안 된다고 그래. 큰돈도 아니고 시제품 좀 내놓는 거 기껏해야 3,000만 원에서 5,000만 원 정도의 투자비만 있으면 되는데. 근데 매출 없다고 퇴짜를 놔. 대표의 자산 담보를 요구하고. 그러다가 망하면 재기도 안 되잖아. 망한 대표는 금세 사기꾼이 되고 말아.

이승환　　벤처를 차리는 사람들에게 이것만은 꼭 지켜야 한다고 말하고 싶은 게 있다면?

김기록　　비용 최소화.

이승환　　역시 구두쇠 정신……

김기록　　벤처라 하면 다들 투자를 이야기하는데, 남의 돈을 끌어오든 말든 돈은 둘째야. 가진 자금을 무조건 지키는 게 최

우선이지. 좋은 사무실 잡는 것, 월급을 많이 받는 것, 투자자에게 보인답시고 좋은 차 타는 것, 좋은 가구 사용하는 것은 전혀 중요치 않아. 그저 돈을 아끼는 게 먼저지.

이승환 많이 아껴서 많이 버셨군요. 축하드립니다.

김기록 ……

이승환 또 하나 권하고 싶은 점이 있다면?

김기록 돈을 벌어야지. 한 푼이라도. 푼돈이라도 벌어야지.

이승환 아까는 무조건 고객이 우선이라더니…….

김기록 아니, 그건 당연한 거고. 처음부터 수익을 올릴 생각을 하지 않고 다른 방식을 취하다가는 이도저도 안 돼. 일단 적게라도 수익을 올려야 버틸 수 있고, 버티다 보면 또 다른 기회를 찾을 수 있지. 수익이 중요한 이유는 그 이상으로 심적 안정을 가져다주거든. 적게 버는 것과 한 푼도 벌지 못하는 것은 엄청난 차이야. 일단 벌기 시작하면 더 벌고자 하는 욕심과 노력에 드라이브를 걸게 돼. 하지만 벌지 못하면 계속 그 자리에 머물면서 자꾸 이상한 데만 보게 되지.

이승환 그렇다면 자기자랑 좀 해봅시다. 돈 자랑 말고, 이거 하나는 정말 잘한 것 같다 싶은 건?

김기록 내가 잘한 건 아니지만 코센이 배짱 하나는 두둑했지.

이승환 어리바리하게 굴다가 투자도 못 받고, 은행에 가서 연대보증까지 서고는 그게 무슨 배짱입니까?

김기록　들이대기지. 벤처는 실패를 두려워하지 않는 수준으로
　　　　는 절대 굴러가지 않아. 하나라도 들이댈 수 있는 곳이 있
　　　　으면 무작정 찾아가서 들이대야 해. 왜, 길에서 무대포로
　　　　전도하는 사람들 있잖아. 그들 못지않은 뻔뻔함이 있어
　　　　야 하지. 벤처하는 사람의 입장에서야 자기가 사장이고
　　　　대단한 서비스를 만드는 사람이라 생각하겠지만, 바깥에
　　　　서 보면 그냥 풋내기야. 일단 성공률은 제쳐두고 무턱대
　　　　고 시도를 해봐야 해. 그러면서 점점 뻔뻔스러워지지.

이승환　자, 마지막 질문. 어떤 사람이 사업에 어울리는지요. 아
　　　　니, 사업가의 자질을 갖췄다고 생각합니까?

김기록　아까 말했듯 배짱이야. 월급 받고 사는 것만도 엄청 스트
　　　　레스 받잖아. 그런데 사업하면 스트레스를 받을 일이 하
　　　　루에도 오만 가지가 생겨. 배짱 없이는 도저히 버티기 힘
　　　　들지. 나중에 돈이 꽤 들어와도 마찬가지야. 그러니까 다
　　　　들 회사를 매각할 생각을 하지. 흔히들 열정이라고 말하
　　　　는데, 그냥 일이 재미있어야 해. 망하더라도 나는 회사와
　　　　같이 망한다는 마인드랄까……. 문제는 이건 일을 저질
　　　　러보지 않으면 모른다는 거야. 나도 내가 일에 이렇게 빠
　　　　져들 거라고는 상상도 못했으니까.

이승환　트위터 시대니까 140자로 줄여 주세요.

김기록　그러니까 사업을 벌였다는 건 그 사람에게 사업가로서의
　　　　자질이 있다는 거야. 잘되면 그 사업가의 자질이 훌륭한

거고.

이승환   전형적인 순환오류로군요.

김기록   ……

고속 성장,
고생 시작

멀티태스킹 머신, 개발자 굴리기

메이크샵의 유료화는 쉽지 않았지만 결과는 좋았다. 때마침 쇼핑몰 창업 붐이 일어나면서 매출도 빠른 속도로 늘기 시작했다.

질문. 기업에 돈이 생긴다는 것은 무엇을 뜻할까?

① 남자직원들이 음주가무를 즐긴다.

② 여자직원들이 해외여행을 간다.

③ 사장이 차를 바꾼다.

④ 직원들의 월급이 오른다.

⑤ 할 일이 늘어난다.

①번부터 ④번까지 중 답이 없지는 않겠지만 ⑤번은 필수다. 이른바 일복이 터진다.

코센도 메이크샵을 유료화한 후 고객의 요구가 폭증했다. 코센 직원들은 무료 시절에 고객의 요구가 많지 않은 것은 메이크샵의 완성도가 높기 때문이라고 생각했지만 그건 완전한 착각이었다. 고객은 그저 공짜다 보니 미안해서 말하지 않은 것뿐이었다. 또 유료버전을 내놓으면서 많은 문제를 해결했다고 생각한 것도 다를 바 없었다. 그건 빙산의 일각에 불과했다. 매일 개편 요청이 물밀듯이 밀려들었다. 개편을 끝내면 또 그것에 대한 개편 요청이 들어왔다.

개편 사항이 늘어나면서 코센은 가장 먼저 개발팀을 충원했다. 메이크샵의 개편 사항이 많기도 했지만 그들은 아무데나 다 쓸 수 있었기 때문이다. 고객 상담을 잘하는 직원도, 기획을 잘하는 직원도, 재무관리를 잘하는 직원도 개발만큼은 할 수 없다. 그들과 달리 개발자는 잘하건 못하건 고객 상담도 할 수 있고(누구나 전화는 받을 줄 안다), 기획도 할 수 있고(누구나 칠판에 글자는 쓴다), 재무관리도 할 수 있다(누구나 영수증 정리는 한다). 이 말은 곧 개발자가 할 일이 산더미임을 의미했다.

그래서 코센은 그만두지 않고 열심히 일할 직원을 뽑기 위해 학연을 적극 활용했다. 그럼 메이크샵 R&D실장 안채준 부장의 스토리를 들어보자.

"학교를 졸업하고 대학원에 갈까, 취업을 할까 고민하고 있었어요. 그때 학과 게시판 벽보에 한 선배가 회사를 차렸으니 관심 있는 사람은 놀러오라는 글이 있더군요. 별 생각 없이 전화해서 놀러간다고 했죠. 사장님과 임성진 이사님이 점심을 사주고 커피 한 잔 하자고 하더군요. 그러더니 다짜고짜 하는 말이……."

김기록 대표   그래, 당장 내일부터 나올 수 있지?

안채준 부장   네?!

임성진 이사   아니, 사장님. 그냥 놀러온 친구한테 그렇게 말하면 어떻게 해요?

안채준 부장   ……

임성진 이사   이번 주는 쉬고 다음 주부터 나와. 알겠지?

안채준 부장   ……

당시 안채준 부장과 임성진 이사는 거의 모르는 사이였다고 한다. 같은 학교 출신이라는 점을 제외하면 전혀 인연이 없는 남과 같은 사이였다. 학연을 활용한 부려먹기에 대해 비판하자 임성진 이사는 항변한다.

"창업 초기에 늘 대학교 후배만 뽑은 걸 학연이라고 하면 별로 할 말은 없어요. 그런데 스타트업(startup: 설립한 지 얼마 되지 않은 신생 벤처기업)에는 이런 게 굉장히 중요해요. 솔직히 스타트업 멤버들이 꿈을 보고 가는 거지, 대우를 제대로 받고자 하는 건 아니잖아요. 스타트업의 핵심은 개발자예요. 서비스 규모가 크지 않아 경력직은 쉽게 오지 않으려 하고, 직원을 키워야 하는데 쓸 만해지면 다 나가요. 이런 악순환이 계속 일어나면 회사가 무너지는 건 한순간이죠. 학연으로 엮이면 서로 좀 더 편하고 으쌰으쌰 할 수 있으니까."

그게 문화가 됐는지 지금도 코센은 채용을 할 때 추천제도를 많이 활용한다. 추천해준 사람도 책임감을 갖고 사람을 데려오고, 추천받은 사람도 더 열심히 일하기 때문이다. 무엇보다 한 명이라도 아는 사람이 있는 쪽이 회사생활에 좋다. 코센은 '가족 같은 회사'를 추구하고 있고, 여기에서 구성원 간의 친분은 큰 역할을 한다.

그렇지만 친분은 그만큼 부려먹기가 좋다는 것을 의미하기도 한다. 그것은 코센에 갓 입사한 안채준 부장의 생활이 고스란히 보여준다. 안채준 부장의 업무 중 하나는 서버관리였다. 코센은 비용을 한 푼이라도 줄이기 위해 용산에서 저렴한 부품을 구입해 직접 조립한 서버를 사용하고 있었다. 가뜩이나 서버가 가격만 비싸고 안정성은 떨어지던 때에 저가부품을 사용하는 바람에 서버는 24시간 비상 태세였다. 안채준 부장은 문제가 생길 때마다 자동 문자 알림을 받고 즉시 해결하는 방식으로 일했다.

상황이 이러하니 잠을 제대로 잘 틈이 없었다. 그나마 낮에는 근무 중에 서버 이상을 수정할 수 있었지만 서버 이상은 밤낮을 가리지 않았고, 새벽에 서버 이상 연락을 받고 고쳐야 하는 경우도 허다했다. 이 때문에 3명의 개발자는 다들 신혼임에도 아내와 각방을 썼다고 한다. 하긴 신혼여행을 떠나서도 회사 일에 붙들린 안채준 부장의 사정에 비하면 그것은 귀여운 수준에 속한다.

"제가 결혼을 좀 일찍 했어요. 신혼여행을 제주도로 갔죠. 다른 신혼부부가 제주도에서 낭만을 누릴 때 전 PC방을 왔다 갔다 하면서 서버를 고치느라 정신이 없었어요. 제발 전화 좀 하지 말라고 해도 임성진 이사님은 꿋꿋이 전화를 걸더군요. 개발팀이 3명밖에 없는데 떠넘기기도 뭐하고……. 덕택에 행복한 기억으로 남아야 할 신혼여행은 외딴 섬에서의 서버 점검 추억으로 가득 찼죠. 뭐, 어찌 보면 그 누구보다 기억에 남는 신혼여행이기는 합니다만……."

개발자는 서버 점검뿐 아니라 고객 상담도 해야 했다. 코센이 매일 고객들의 전화를 받으며 메이크샵의 기능을 개선해 나갔으니 그럴 수밖에 없었다. 개발자의 이러한 노고는 코센의 초기 성장에서 핵심적인 역할을 했다. 메이크샵 소프트웨어를 직접 만든 개발자들은 그 소프트웨어에 대한 이해도가 높았고, 덕분에 고객의 문제를 즉석에서 고쳐 나갔기 때문이다.

그렇다고 언제까지나 개발자가 이 모든 일을 다 할 수는 없었다. 고객이 계속 늘어나면서 개발자는 전화 상담에서 벗어나 본연의 역할로 돌아가야만 했다. 그래서 고객지원팀이 탄생했고, 개발팀은 노고를 덜 수 있었다.

위기와 기회

미국의 경영 컨설턴트 짐 콜린스는 《창업에서 수성까지Built to last》, 《좋은 기업을 넘어 위대한 기업으로Good to great》라는 베스트셀러를 내놓으면서 경영 분야의 스타작가로 떠올랐다. 그런데 아이러니하게 도 이들 책에 등장한 훌륭한 기업들 중 상당수는 지금 망했거나 위기 를 맞고 있다. 재미있는 건 짐 콜린스와 모튼 한센이 이들 회사가 망 해가는 과정 중에 잘나가는 회사를 분석한《위대한 기업의 선택Great by choice》을 썼다는 거다. 어쩌면 전 세계 기업이 다 망하기 전까지 컨설턴 트들의 저작 활동은 계속될지도 모른다.

이처럼 날고 기는 사람들에게도 기업의 앞날을 예측하는 것은 무척 힘든 일이다.

2003년, 김대중 대통령에 이어 노무현 대통령이 정권재창출에 성공했지만 당시 경제 상황은 좋지 않았다. 김대중 전 대통령은 경기 부양을 위해 카드 발급 요건을 완화했고, 그 후폭풍으로 일어난 카드 대란은 IMF 이후 살아나던 경기를 바닥으로 메다꽂았다. 시작부터 경 제가 좋지 않았던 노무현 정부는 어떻게든 회생을 꾀해야 했고 그 답 중 하나가 IT였다.

실제로 정부는 IT와 관련해 많은 지원책을 내놓았다. 그중 하 나가 '주부 인터넷 교실'로 알려진 여성 인터넷 쇼핑몰 창업 지원이었 다. 지금은 역사의 뒤안길로 사라진 정보통신부는 그때 대규모 e-비 즈니스 교육을 실시하면서 여성 쇼핑몰 인력 양성에 들어갔다. 정부는 5만 명의 여성 인터넷 쇼핑 창업 인력을 육성한다는 방침 아래 민간 교 육기관과 연계해 파격적인 지원을 했고, 그때 e-비즈니스 교육이 야 심차게 시작됐다(개인이 5만 원만 내면 교육을 받을 수 있었다).

그런데 정부의 이러한 지원정책은 등장할 때마다 '퍼주기 식'이라고 많은 비판을 받는다. 예를 들어 2000년을 전후로 벤처 붐이 일었을 때도 정부가 실속 없이 돈을 퍼준다는 말이 많았다. 하지만 정부가 그 정도로 바보 같이 굴지는 않는다(솔직히 가끔 바보 같기는 하지만). 애초에 선별해서 지원책을 성공시키려는 데는 2차적인 목적을 내포한 경우가 많다. 그건 더 중요한 것으로 정부가 돈을 뿌려 민간 경기를 활성화시키는 일이다.

어쨌든 여성 인터넷 쇼핑몰 창업 지원은 다른 사업에 비해 사업적 타당성이 높았다. 실업률이 높고 남성과 여성의 취업률 차이가 30퍼센트나 벌어진 상태에서 또 고학력 여성들이 집에서 놀고 있는 상황에서 인터넷 쇼핑몰 수는 연평균 30퍼센트씩, 거래액은 100퍼센트씩 증가하고 있었다. 여기에다 기술 장벽으로 인해 쇼핑몰 운영자가 대부분 남성이었다는 점도 사업 추진의 한 근거가 됐다.

지원 사업이 본격적으로 시작되면서 메이크샵은 주요 수혜자가 될 계기를 맞이했다. 코센은 지원 교육을 받은 많은 여성이 메이크샵 사용법을 익혀 쇼핑몰을 창업하고 메이크샵의 주요 고객이 되리라는 기대감에 부풀었다.

한데 수혜를 받으려면 넘어야 할 장벽이 있었다. 바로 치열한 경쟁이었다. IT산업은 카피캣제품 모방 서비스가 넘치는 시장이다. 고정자본이 많이 필요치 않아 손쉽게 따라할 수 있기 때문이다. 당시 메이크샵도 돈이 되는 아이템으로 떠오르면서 시장에 유사 서비스가 생겨났다.

그 무렵 메이크샵은 쇼핑몰 솔루션 시장의 약 30퍼센트를 차지하고 있었다. 최초의 임대형 쇼핑몰이라는 이름을 걸었지만, 최초가 항상 최고인 것은 아니다. 당시 1위를 달리던 서비스는 코센의 후발주자인 카피캣 서비스 E사의 몫이었다. 그러나 품질은 메이크샵이 좀 더 우수했다. 메이크샵은 전방위적 지원이 가능했던 반면 E사의 솔루션은 각 구매 페이지에 구매버튼을 넣고 구매 관리만 제공하는 정도였기 때문이다. 하지만 E사는 월 정액료 3만 원의 저렴한 가격을 무기로 코센을 2위로 밀어냈다. 그뿐 아니라 코센은 메이크샵의 홍보를 단순히 입소문에 의존한 반면, E사는 영업 위주로 빠르게 고객을 늘려 나가 그 격차는 더욱 커졌다.

지원 사업이 발표되자 컴퓨터 학원은 주부 쇼핑몰 교육에 속된 말로 '몰빵'을 했다. 사실 동네 컴퓨터 학원은 그때 우르르 망해가고 있던 상황이었다. 인터넷이 보급된 지 몇 년 지나면서 사람들이 인터넷 환경에 익숙해지자 간단한 윈도나 인터넷 교육 정도로는 더 이상 수강생들을 끌어들일 수 없었기 때문이다.

그런데 정부의 지원 사업은 일단 수강생을 모집해 출석시키면 정부에서 인당 10만 원씩 학원으로 보내줄 정도로 엄청난 이익을 안겨주는 사업이었다. 이미 한 번 윈도, 인터넷 교육 등으로 정부의 수강료 지원 단맛을 본 학원업계는 어떻게든 주부들을 끌어들이기 위해 온 힘을 다했다. 덕분에 많은 여성들이 쇼핑몰 창업을 배우기 위해 학원으로 모여들었다.

이는 코센에게 위기인 동시에 기회였다. 지금까지는 그리 크지 않은 시장을 두고 아웅다웅하는 수준이었지만, 지원 사업을 통해 쇼핑몰 시장 규모가 급속도로 커지면 힘이 한쪽으로 완전히 쏠릴 수도 있었다. 만약 수강생이 수십만 명에서 백만 명대에 이른다면? 그리고 이들 중 일부가 메이크샵을 손에 익힌다면? 그중 1퍼센트만 쇼핑몰을 창업해도 메이크샵 매출은 기하급수적으로 늘어날 터였다. 더군다나 그들이 메이크샵을 주위에 퍼뜨린다면? 아, 아찔했다.

경쟁의 시작

정부는 컴퓨터 학원에서 쇼핑몰 관련 교육에 사용할 소프트웨어로 3개사의 제품을 선정했다. 이때 메이크샵은 경쟁사 E사, D사와 함께 선정됐다. 코센은 부풀어가는 기대감 속에서 어떻게 하면 메이크샵의 완성도를 좀 더 높일까 고민했다. 지금까지 그래왔듯 고객 만족도가 높은 제품을 만들면 고객이 그 가치를 반드시 알아줄 거라는 생각에서였다.

하지만 그것은 세상물정 모르는 철부지의 생각에 불과했다. 일반 대중을 상대로 하는 사업이 아닌, 무려 '정부 입찰 사업'이 아닌가. 투자를 받기 위해 벤처캐피털리스트에게 잘 보여야 했듯, 정부 입찰 사업에서는 정부 측 사람들에게 어떻게 잘 어필하느냐가 중요했다. 또 코센이 투자받을 때 인맥이 결정적 역할을 했듯, 여기에서도 '인맥'이 필요했다. 인맥이 없으면 최소한 인맥을 형성할 영업력이라도 있어야 했다.

아쉽게도 코센의 영업력은 턱없이 부족했다. 그저 풍선처럼 부푼 꿈을 그대로 허공에 날려버리지 않기 위해 또다시 냉혹한 현실 속으로 뛰어드는 수밖에 없었다.

여성 e-비즈니스 지원 사업은 사실상 경쟁사인 E사가 만들어 낸 것이다. 당시 E사의 이사로 있다가 기나긴 세월을 건너 코센으로 자리를 옮긴 태그스토리 사업실 김동희 실장의 술회다.

"제가 한국정보문화진흥원에 제안했어요. 어차피 진흥원에서 전 계층에 기본 인터넷 교육을 보급한 상태라 새로운 뭔가가 필요했지요. 그래서 진흥원과 함께 제안요청서를 만드는 것부터 다 같이 기획했어요. 당시 메이크샵에서 오프라인 활동 없이 가만히 앉아 입소문으로 고객을 늘려갈 때, 저는 발로 영업을 뛰었지요. 그 결실이 주부 쇼핑몰 교육 사업이었습니다. 당시 E사는 거저먹는 사업이라고, 게임 끝났다고 난리도 아니었어요."

이런, 그처럼 엄청난 내막이 있었다니! 김동희 실장의 얘기를 좀 더 들어보자.

"사실 제 계획대로였다면 컴퓨터 학원에서 E사의 서비스만 사용하게 됐을 거예요. 그런데 정부 측의 지인이 자기들도 특혜 의혹은 피해야 하니 세 개의 솔루션을 선택 안으로 두겠다고 하더군요. 우린 메이크샵이 그 세 개의 솔루션 안에 들어가지 못하게 하려고 기를 썼는데, 시장점유율이 1위다 보니 결국 들어가더라고요. 그래서 2차 죽이기에 들어갔죠."

김동희 실장은 정말로 불굴의 영업력으로 코센 죽이기에 들어갔다. 정부는 세 개의 솔루션 중 수업에 무엇을 쓸 것인지는 컴퓨터 학원에 맡기기로 했다. 코센이 메이크샵 기능 개편에 여념이 없을 때, E 사의 김동희 실장은 전국을 누비며 컴퓨터 학원을 찾아 자사의 솔루션을 넣기 위해 24시간을 쏟았다.

상황이 이 정도면 코센의 입장에서는 먹구름이 아니라 핵이 떨어지는 격이었다. 대부분의 컴퓨터 학원이 E사의 솔루션을 사용한다면 메이크샵은 규모에서 밀려 한 방에 나가떨어질 가능성이 농후했기 때문이다. 그러한 위기 속에서 코센은 나 홀로 태평하게 요순시대를 살아가고 있었다. 당시의 상황을 회상하는 김기록 대표의 말이다.

"정말 몰랐어요. 가만히 있는데 어느날 한국정보문화진흥원에서 제안서를 내라고 하더군요. 그래서 정신없이 자료를 취합해 제안서를 내긴 했죠. 근데 알고 보니 남들은 죄다 눈이 돌아갈 만한 파워포인트 프레젠테이션을 제출했더군요. 우리는 HWP로 10장 정도 텍스트만 작성해서 보냈어요. 그것도 서류 작성에 대한 감이 없어서 일기를 쓰듯 존댓말로 작성했죠. 내가 심사위원이라도 내용도 안 보고 탈락시켰을 거예요. 다행히 사업 실적이 있어서 그런지 심사위원들이 통과시켜준 거죠."

뒤늦게 이 사업의 중요성을 깨달은 코센은 적극적으로 전쟁터에 뛰어들었다. 그 과정에서 양사의 경쟁심은 격화됐다. 심지어 E사 직원이 불타는 애사심에 고객으로 위장해 메이크샵 고객게시판에 욕을 퍼붓는 사건도 발생했다. 이후로도 두 경쟁사는 서로 회사 IP에 대해 접속 차단을 거는 등 그 분위기가 심상치 않았다. 그러나 본격적인 전쟁의 서막은 아직 오르지도 않은 상태였다.

신난다, 경쟁이다!

코센은 뒤늦게 영업에 나서며 본격 경쟁에 들어갔다. 그렇지만 오래전부터 준비한 E사는 온몸을 무장한 용맹스러운 장수였던 데 반해, 코센은 그저 곡괭이 하나 들고 갑작스레 징집된 농민 A에 지나지 않았다. 영업의 'ㅇ'도 모르는 코센으로서는 E사의 공격적 영업을 당해낼 재간이 없었다.

뒤늦게나마 전국의 컴퓨터 학원을 돌며 사정했으나 대답은 냉랭했다. 이미 E사와 계약을 맺었기 때문이다. 손해를 볼 생각으로 좀 더 좋은 조건을 제시했지만 약속을 일방적으로 파기하기는 힘들다는 대답이 돌아왔다. 4년간의 노력과 기지로 그때까지 회사를 꾸려왔건만 이젠 정말 답이 보이지 않았다. 그런데 의외의 반전이 일어난다.

제자 자공이 공자에게 묻는다.

자공	자장과 자하 중에서 누가 더 어집니까?
공자	자장은 지나치고 자하는 미치지 못한다.
자공	그렇다면 자장이 낫단 말입니까?
공자	그렇지 않다. '과유불급(過猶不及: 지나침은 미치지 못함과 같다)'이로다.

공자가 자하의 편을 들어준 것처럼 E사의 과욕은 오히려 화를 불렀다. 어리바리한 코센과 달리 E사는 엄청난 영업력으로 전체 컴퓨

터 학원의 95퍼센트가 E사 솔루션을 선택하게 만들었다. 이쯤 되자 외려 정부 측에서 E사의 포지션이 너무 커서 공정하지 않다는 말을 꺼냈다. 결국 정부는 모든 결과를 무효로 돌리고 한 달 동안 새롭게 업체를 선정하되, 세 개 업체 중 어느 곳도 50퍼센트를 넘지 못하게 못을 박았다. 김기록 대표는 말한다.

"역시 사람은 욕심 부리지 말고 착하게 살아야 해요."

그래도 점유율을 높이는 데는 한계가 있었다. 3사가 공정하게 나눠가진다고 해도 E사가 더 높은 점유율을 차지하고 나머지를 D사와 코센이 양분할 것이 틀림없었다.

코센이 파고들 마지막 보루는 출판사밖에 없었고 코센 직원들은 집요하게 출판사를 공략했다. 학원에서 수업을 진행하려면 반드시 교재가 필요하다. 이에 따라 코센은 출판사에 파격적인 마진을 선사하며 적극적으로 나섰다. 영업력이 부족한 코센을 대신해 출판사는 컴퓨터 학원에 적극적으로 오퍼를 넣었고, 많은 컴퓨터 학원이 코센이 만든 메이크샵 교재를 반겼다.

결국 진흥원의 사업에서 더 큰 이익을 본 쪽은 코센이었다. 수강생들의 수업 채택 비율은 경쟁사와 비슷했지만, 교육을 마친 수강생들은 경쟁사의 솔루션보다 좀 더 사용하기가 쉬운 코센의 제품을 선택했다. 이를 통해 약간 뒤지던 시장점유율도 1년 만에 마침내 뒤집어졌다. 드디어 코센이 업계 1위, 그것도 시장 독점 사업자로 우뚝 선 것이다.

마무리 투수, 교육 사업의 확장

정부 사업을 통해 쇼핑몰 시장은 1년 동안 100퍼센트 이상 성장했다. 그 수혜의 대부분은 코센이 받았고 덕분에 코센에는 여유자금이 생겼다. 그동안의 극심한 경쟁으로 피로가 누적된 코센은 더 이상 치열한 경쟁을 원치 않았다. 경쟁을 없애기 위해 가장 필요한 것은? 시장에 경쟁자가 들어올 수 없도록 높은 장벽을 치는, 즉 메이크샵을 재정비하는 일이었다.

여성 e-비즈니스 사업은 코센에게 중요한 교훈을 줬다. 그것은 가만히 앉아 고객을 기다릴 게 아니라 고객이 스스로 찾아오도록 장치를 마련해야 한다는 사실이다. 이를 위해 가장 효과적인 수단은 교육이었다. 교육은 고객 지원 사업의 일환으로 거부감이 아닌 신뢰를 주며 장기적인 매출 창출 수단이기도 했다. 이를 깨달은 코센은 여성 e-비즈니스 사업에서 쌓은 경험을 바탕으로 교육 분야를 강화하는 데 박차를 가했다. 컴퓨터 학원과 연계해 진행하던 교육 차원을 넘어 자체적으로 교육관을 설립해 교육을 진행한 것이다.

일단 동대문에 교육관을 마련해, 패션 관련 분야에서 일하는 사람들이 보다 쉽게 메이크샵을 찾게 했다. 그리고 이전에 메이크샵 직원들이 직접 강의하던 것을 전문강사제로 바꿔 신뢰성을 더했다.

코센과 경쟁사가 제공하는 교육 프로그램은 쇼핑몰 창업자들에게 거의 필수코스나 다름없이 여겨졌다. 서울에서 시작된 쇼핑몰 창업 붐은 전국으로 퍼져갔고, 사람들이 지방에서 올라와 주말교육에 참가

할 정도로 코센의 교육 프로그램은 인기를 끌었다.

코센은 고객의 목소리에 부응해 즉각 온라인 교육 프로그램 제작에 들어갔다. 이를 통해 지방에 사는 사람들도 편하게 쇼핑몰 창업 교육을 받았고, 코센은 별다른 품을 들이지 않고 꾸준히 추가매출을 올렸다.

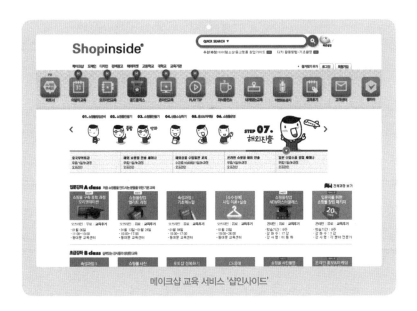

메이크샵 교육 서비스 '샵인사이드'

이렇게 교육 프로그램이 인기를 끌자 출판사에서 제의도 들어왔다. 그들은 메이크샵 사용 방법을 책으로 펼쳐내자고 제의했다. 코센은 여기에 메이크샵 1개월 무료 사용 쿠폰도 넣자고 역으로 제안한다. 독자의 입장에서는 1만 원도 되지 않는 책을 구입하고 5만 5천 원 짜리 쿠폰을 얻는 셈이었다. 고객들은 그리 손해 볼 것이 없다고 생각했는지 아니면 메이크샵과 쇼핑몰이 어떻게 돌아가는지 알고 싶었는지 모르지만 큰 호응을 보냈고, 그 책은 베스트셀러까지 올랐다.

여기가 끝은 아니다.

코센은 '원스탑 창업' 서비스를 내놓아 가격 면에서도 경쟁력을 강화했다. 이전까지는 코센이 제공하는 서비스에 대해 메이크샵 월 이용료, 쇼핑몰 스킨 구매, 교육비, 광고 집행비를 모두 따로따로 결제해야 했다. 코센은 고객의 가격 부담을 덜어주기 위해 '메이크샵 1년 이용권+스킨 구매+3과목 교육' 식의 패키지를 원스탑을 통해 판매했다.

코센의 네임밸류가 계속해서 올라가자 승부에 쐐기를 박는 일이 생겼다. 고등학교 교사들이 코센에 연락해 아이들을 위한 쇼핑몰 창업 교육을 맡아달라고 부탁한 것이다. 그 일은 코센 입장에서 매출에 별로 도움이 되지 않았지만 교사들의 열정적인 설득에 감화돼 교재를 만들고 교육까지 담당하게 되었다. 그런데 매출에 도움이 되지 않을 거라 생각한 그 일은 메이크샵이 업계 1위이자 표준으로 자리매김하는 데 큰 공을 세우게 된다.

서비스의 질, 각종 부가지원, 저렴한 가격, 여기에다 브랜드까지 업계 1위로 탄탄해지자 쇼핑몰 솔루션의 경쟁 구도는 급격히 코센 쪽으로 기울었다. 이때 확보된 자본은 메이크샵 서비스 개편에 고스란히 투입되었다. 이에 따라 경쟁사와의 서비스 차이는 더욱 커졌고 메이크샵은 시장점유율 80퍼센트에 도달했다. 사실상의 독점이었다. 그것도 지속적인 성장이 보장된 산업에서 말이다.

흔해빠진 벤처 성공기 1막의 끝

메이크샵은 2012년 연매출 450억을 기록했고, 메이크샵 서비스에서 일하는 직원만 해도 150명에 이르게 된다(코센의 직원은 300명이 넘지만 그중 절반은 다른 서비스 업무를 담당한다). 물론 이 정도면 히딩크 감독이나 이명박 전 대통령은 아직도 배가 고프다고 할 것이다. 그건 코센도 마찬가지다.

더구나 메이크샵이 처음 그렸던 사업기획 방향과 현실이 맞아떨어졌느냐 하면 그것도 아니다. 그 점에서는 오히려 완전한 실패다. 처음 구상한 쇼핑 포털은 제대로 구현조차 못했고, 심지어 나중에 그 서비스를 만들었을 때 시장에서 처참하게 버림받았다.

코센은 왜 쇼핑 포털로 발전하지 못하고 초기에 만든 쇼핑몰 솔루션 사업모델 강화로 가야만 했을까? 간단하다. 고객이 그걸 원했기 때문이다. 코센의 서비스는 항상 고객이 원하는 방향으로 진화했다. 그럴듯한 경영철학이 있어서가 아니라 그것만이 살아남는 길이었던 까닭이다. 어차피 사업은 일단 시작하면 그 뒤를 예측할 수가 없다. 해답은 시장에서 살아남을 수 있는 최적의 형태로 변화하는 것뿐이다. 살아남으면 좋은 거고, 아니면 사망하는 거고.

이처럼 고객 우선적인 마인드는 코센의 가장 큰 힘이기도 하다. 향수 쇼핑몰도 단지 아이템과 편의성만으로 성공한 것은 아니다. 김기록 대표의 대학 후배이자 전 직장 후임 그리고 현재 코센의 이사로 있는 최승식 기획해외사업 본부장의 말을 들어보자.

"당시 사장님이 파격적인 고객 서비스를 많이 내놨어요. 향수에 중요한 게 시향이잖아요? 화장품 가게에 가면 시향을 위한 테스트 향수가 따로 있죠. 그런데 쇼핑몰에서는 이게 안 돼요. 개봉 전 향수 용기 안에는 공기가 차 있기 때문에 일단 몇 번 눌러야 향수가 나와요. 근데 그걸 하는 순간 바로 새 제품이 중고가 되죠. 이런 상황에서 사장님이 내놓은 정책이 '이유를 불문하고, 즉 변심으로 인한 반품도 무조건 받아준다'였어요. 만약 향수를 받았는데 시향해보니 향이 마음에 안 든다, 뭐 그런 경우에도 그냥 반품을 받아준 거죠. 반품된 상품은 중고 장터에 원가 이하로 내놓았어요. 돈은 없었지만 그때도 파격적인 고객 지향적 마인드가 있었던 거죠. 난 그러한 고객 지향적 마인드가 지금까지 코센을 이끌어온 힘이라고 봐요."

메이크샵 유료버전 출시는 코센의 역사에 큰 획을 그은 사건이긴 했지만, 여전히 창대한 미래와는 거리가 멀었다. 한 번의 성공은 예상치 못한 온갖 문제를 불러일으키게 마련이고, 구멍가게에서 소규모 기업으로 변신한 코센은 이후 크고 작은 다양한 문제를 겪었다.

지금까지 코센이 겪은 문제가 생존을 위한 투쟁이었다면, 이제부터는 상시적 위기 모드로 들어간다. 여기까지 읽고도 이 책을 사지 않는 독자가 있다면 그 나름대로 대단한 것이니 경의를 표한다. 아무튼 다음의 이야기로 넘어가자. 땅덩이 좁은 우리에게 해외 시장은 군침 도는 먹잇감인데, 배짱 두둑한 코센도 그 먹이를 뜯고자 맨발로 달려들었다.

이승환   기체후일향만강 하십니까?

김기록   별로…….

이승환   아무튼 메이크샵이 이렇게 국내 시장에서 대박을 친 거
        로군요. 없는 돈 있는 돈 끌어당기느라 힘들었겠습니다.

김기록   원래 사업은 항상 힘들어. 언젠 좋았어?

이승환   그래도 메이크샵이라는 엄청 안정적인 수익모델이 있잖
        습니까?

김기록   밖에서 볼 때는 그런데 안에서 보면 또 다르지. 사장이 되
        면 맨날 노심초사해야 돼.

이승환   그러고 보면 적어도 여기까지는 항시적 위기 상태였던
        것 같습니다.

김기록   그렇지. 유료화에 성공하고도 돈은 부족했고, 정작 뭐 좀
        해보려고 하니 경쟁사에게 짓밟히기 직전이고…….

이승환   경쟁사에 대해 신경은 많이 썼나요?

김기록   음, 그때 분위기는 좀 웃겼다고 해야 할 것 같아. 업계에
        경쟁업체라고 해봐야 몇 곳 없었잖아. 그래서 사장끼리
        경쟁하는 정도가 아니라 직원들끼리도 알게 모르게 불꽃

	튀는 경쟁을 벌였지. 오죽하면 게시판에서 싸운 적도 있을 정도고…….
이승환	눈에 불을 켜고 일했겠군요.
김기록	그런 건 아닌데, 어쨌든 많은 힘이 됐지. 경쟁자가 있다는 건 좋은 거야. 일단 경쟁자가 있다는 것 자체가 시장이 있다는 거고, 경쟁자가 있으면 서비스를 더 낫게 만들려고 노력하니까 고객에게도 좋고.
이승환	정부 사업은 동등하게 경쟁할 수 있는 입장으로 간 거지, 그것 때문에 이긴 건 아니잖아요. 대체 무엇 때문에 국내 1위로 올라설 수 있었다고 생각합니까?
김기록	음, 그건 개발자의 힘이 커.
이승환	개발 능력에서 앞섰기 때문이다?
김기록	실리콘밸리의 성공 기업들을 보면 스티브 워즈니악 같은 핵심 개발자가 있잖아? 빌 게이츠는 아예 본인이 천재 개발자고. 그게 우리에게는 있고, E사에는 없었지. 그게 차이라고 할 수 있지.
이승환	사실 메이크샵은 그다지 복잡한 프로그램은 아니잖아요. 그런데 개발에서 큰 차이가 있었다고요?
김기록	솔직히 기능은 도토리 키 재기야. 처음 시작하는 업계가 죄다 그렇듯 한쪽에서 뭐 만들면 다른 쪽에서 따라하는 식이지 뭐. 굳이 차이가 있다면 안정성이랄까? 그래도 그게 컸어. 그쪽은 윈도 서버를 쓴 걸로 알고 있는데, 코센

에 비해 기본기가 떨어졌던 거지. 지금이야 윈도 서버가 비싸고 기술자가 적어서 그렇지, 안정성은 별 문제가 없잖아. 그런데 당시에는 윈도 서버가 리눅스에 비해 안정성이 떨어졌어.

이승환 안정성?

김기록 당시 서버는 지금만큼 안정적이지 않았지. 10년 전엔 어느 사이트든 갑자기 접속이 안 될 때가 많았잖아. 시간 때우는 사이트야 짜증 좀 내고 딴짓하면 그만이지만, 쇼핑몰 창업자들은 난리가 나지. 접속이 안 되면 돈도 못 벌고 고객의 신뢰도 잃고……

이승환 그런 사고가 터질 때 보상은 어떻게 했습니까? 혹시 매출에 따라 하루 끊기면 하루치 매출액 보상, 이랬던 건 아니죠?

김기록 그건 EC전자상거래나 웹, 서버 호스팅과 마찬가지야. 기본적으로 시간 사용료에서만 차감되지. 하루 동안 접속이 끊기면 메이크샵 월 이용료의 30분의 1을 보상하는 식이지.

이승환 당하는 입장에서는 잠깐이라도 끊기면 무진장 짜증나겠군요.

김기록 그래서 문제가 생길 때마다 해당업체에 사죄하고 비는 게 엄청 중요해. 어떻게든 다른 혜택 하나라도 더 주면서 달래고. 물론 더 중요한 건 애초에 문제를 일으키지 않는 거겠지만. 윈도 서버와 리눅스 서버의 차이보다……. 그래도 우리가 잘한 게 있다면 24시간 비상체제 유지였어. 지금 생각하면 개발자들에게 정말 미안하지.

이승환   그래서 미안한 개발자들에게 다른 보상 같은 것을 해주셨나요?

김기록   나중에 보너스 등으로 많이 감사를 표했는데, 그걸로는 부족하지.

이승환   안 받았다던데요?

김기록   줬어. 인마…….

이승환   ……

김기록   아무튼 벤처 초기엔 개발자가 정말 중요해. 개발팀장이 CEO보다 더 중요하지. 가끔 CEO와 CTO가 틀어지는 경우가 있는데 이때 CTO가 나가면 단순히 사람 하나를 잃는 게 아니라, 그간의 개발 경험을 모두 잃는 거야. 핵심 개발자는 어떻게든 잡고 있어야 돼. 개발자는 인프라, 그러니까 기간산업 같은 역할을 하지. 제아무리 같이 일하는 사람들이 능력이 있어도 개발자가 그 밑을 떠받치지 못하면 아무 소용이 없어.

이승환   그러면 사장님은 뭘 합니까?

김기록   나야 뭐, 셔터 올리고 셔터 내리고…… 셔터맨. 가끔 고기도 사주고, 재롱도 떨어주고…….

이승환   하하하하하하하하하…….

김기록	그 정도는 아닌데, 어쨌든 사장은 좋은 직원 뽑아서 그들을 독려해주는 게 제일 중요해.《초한지》의 유방,《삼국지》의 유비,《수호지》의 송강이 죄다 마찬가지잖아.
이승환	아는 중국 고대소설이 그거 셋밖에 없으신거 같은데…….
김기록	시끄러…….
이승환	어쨌든 훈훈한 자기자랑으로 끝나는 인터뷰로군요.
김기록	……
이승환	개발팀이 고난을 넘은 후 고객지원팀이 생기면서 애로사항이 참 많았다는 이야기가 있던데요.
김기록	그렇지 뭐. 정확히는 남탕에 여직원이 생기면서 겪는 문제기도 하고, 또 직원 숫자 자체가 늘어나 생기는 문제기도 하고. 당연한 성장통이라 딱히 할 말도 없고……. 그냥 덕택에 회사가 커지면서 원칙을 하나 세웠어.
이승환	뭡니까?
김기록	어느 팀이든 남녀 비율을 좀 맞추려고 해. 그래서 우리 회사에는 다른 IT회사에 비해 좀 놀라울 정도로 여자 개발자가 많잖아. 개발팀도 남녀 비율이 거의 5 대 5에 가까워. 또 고객지원팀에도 소수나마 남자가 있고. 이거 굉장히 중요해. 한쪽 성비가 극단적으로 많으면 업무에서 결정도 극단적으로 치우칠 수 있고, 또 소수의 성별은 적응하기가 힘들어. 이 점을 항상 인사팀에 말하고 있지.

이승환   맞는 말씀 같습니다. 그런데 왜 사장님은 아직 인생의 짝
         이 없는 건가요?

김기록   ……

이승환   이상으로 인터뷰를 마치겠습니다.

김기록   ……

MakeShop®

002

좌충우돌
해외 정복기

우리가 새로운 흐름을
만들어낸 것이 아니라,
사회가 마침내 받아들인 것이다.

– 마크 저커버그 –

일본을
공격하다

세계 IT산업의 두 갈라파고스

잠시 일본의 IT산업 이야기를 좀 해보자. 일본의 다양한 산업은 한국에 많은 영향을 줬다. 허나 반대로 산업에서 한국이 일본을 빠르게 공략하고 있는 분야가 있다. 바로 IT산업이다. 한국 IT산업은 분야별로 일본에 큰 영향을 미쳤다. 가령 한국의 온라인 게임 라그나로크는 일본에 MMORPG(대규모 다중 사용자 온라인 롤 플레잉 게임) 게임 시장을 열었다. 또 일본의 모바일 게임, 소셜 게임도 한국의 온라인 게임을 상당 부분 참조했다는 게 정설이다. 최근에는 라인플러스(원래 NHN 재팬이었는데 라인이 잘나가니까 한국 색을 빼기 위해 법인명을 라인플러스로 변경했다)의 모바일 메신저 라인이 일본 내 사용자 1위를 차지하고 있다.

잘 알려지지는 않았지만 쇼핑몰 쪽에서도 한국이 일본에 상당한 영향을 미쳤다. 한국은 일본에 비해 전자상거래가 일찍 발달했다. 덕분에 일본보다 빠르게 쇼핑몰 구축 관리 솔루션을 확보할 수 있었다. 예를 들면 메이크샵이라든가, 메이크샵이라든가, 메이크샵이라든가……

거리상으로 매우 가까운 한국과 일본은 모두 IT산업계에서 갈라파고스(찰스 다윈 덕에 유명해진 섬으로 독특한 생태계를 구성하고 있다. 이로 인해 세계적 표준과 동떨어진 지역을 비유할 때도 사용된다. 세계는 일본을 IT계의 갈라파고스라 하지만 한국도 만만찮게 세계 표준과 따로 논다) 취급을 받고 있다. 양국의 IT산업이 워낙 독특해서인지 한국의 IT기업이 한일 양국에서 1위를 하는 일은 거의 없다. NHN의 라인도 한국에서는 카톡에 1위 자리를 넘겨줬고, 삼성의 스마트폰도 일본에서는 1위가 아니다.

그런데 코센의 메이크샵은 현재 일본 쇼핑몰 솔루션 거래액 기준 1위를 달리고 있다. 그 자랑 좀 해보자.

안 되는 게 어딨니?

인간은 본디 보수적인 동물이다. 직장인에게 안정적으로 월급이 들어오는 것만큼 중요한 일은 없다. 돈을 많이 버는 것은 그다음의 일이다. 그런데 상황이 변화돼 새로운 일을 벌이면 할 일이 늘어나고,

해보지 않은 일은 피곤함을 더해준다.

　　그처럼 코센에 일이 늘어나면서 직원들은 한국에서의 일만으로도 충분히 피곤한 상태였다. 한국에서 어느 정도 경쟁이 마무리되자 코센의 직원들은 대부분 회사의 안정이 지속되기를 바랐다. 회사가 안정기에 접어들었으니 이를 기반으로 국내 영업력을 더 키워가자는 것이 다수의 의견이었다.

　　그때 김기록 대표는 혼자 딴생각을 하고 있었다. 바로 일본 진출이다. 한 직원의 이야기다.

　　"아주 순진한 표정으로 일본에 가는 게 어떻겠느냐고 말하는 거예요. 가려면 혼자 다녀오시라고 했죠. 근데 그게 여행이 아니라 메이크샵의 일본 진출이었다니!"

　　해외 진출은 한마디로 가시밭길이다. 해외 교류가 빈번한 스포츠계에서도 성공하기가 그리 쉽진 않다. 예를 들어 프로야구계를 생각해보자. 아직까지 이승엽, 임창용, 이대호 정도를 제외하면 장기적으로 일본 리그에서 꾸준히 기록을 낸 선수가 없을 정도다. 축구 천재로 불리는 박주영과 이천수도 유럽 리그에서 두각을 나타내지 못했다. 외국에서 잘하려면 단순히 '잘하는' 수준을 넘어 '적응력'을 갖춰야 하기 때문이다. 룰이 확립된 스포츠가 그러할진대 비즈니스 세계에서의 성공이 쉬울 리 없었다.

　　일본 진출 이야기가 나오자 반발하는 직원이 많았다. 그들이 단지 보수적이어서 혹은 불안한 마음에서 그런 것은 아니었다. 우습게도 직원들 중 누구도 해외 사업을 경험해보지 못했다. 일본어 회화는 물론 일본어 독해가 가능한 직원도 없었다. 심지어 김기록 대표마저 일본에 대해 아는 게 전혀 없었다.

뜬금없는 일본 진출 얘기에 전 직원이 반대했지만 그때마다 김기록 대표는 고집을 부렸다.

직원	일본은 우리가 잘 몰라서…….
김기록 대표	그러니까 지금부터 알아 나가야지.
직원	일본은 아직까지 온라인 시장이 충분히 성숙하지 않아서…….
김기록 대표	그러니까 커 나갈 때 진출해야지.
직원	일본어를 할 줄 아는 사람도 없는데…….
김기록 대표	그러면 뽑으면 되잖아.
직원	일본은 산업 부문의 텃세가 심해서…….
김기록 대표	그러면 일본 회사랑 손잡으면 되겠네.

그러다가 점점 논리적인 질문이 들어오자 김기록 대표는 절대 이길 수 없는 방식으로 대응하기 시작했다.

"네가 해봤어?"

'아이 씨, 자기가 정주영 회장도 아니고……. 내가 그런 큰일을 해봤으면 지금 여기서 이 일하고 있겠냐'라는 생각이 들어도 어쩔 수 없다. 젊은 벤처기업 직원이 서른 내외의 나이에 해본 게 얼마나 되겠는가? 직원들은 그저 투덜거릴 수밖에 없었다. 그리고 김기록 대표의 뜻은 확고했다. 인터넷쇼핑이 자리 잡히지 않은 지금 진출하지 않으면 인터넷쇼핑이 자리를 잡았을 때 일본 국내 기업에게 밀릴 수밖에 없다고 생각했기 때문이다.

정신 나간 코센식 경영관

김기록 대표는 직원들의 아우성 속에서 독단적으로 일본 진출을 결정했다. 진출 방법은? 만약 보통 회사라면 다음의 프로세스로 진행할 것이다.

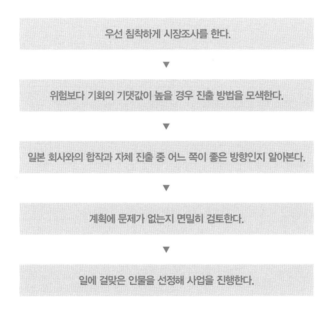

하지만 코센의 전략은 정반대였다.

대표가 진출하자고 한다.

▼

일단 코센의 일본법인 메이크샵 재팬을 만든다.

▼

뭔지는 모르지만 일단 일을 시작한다.

▼

일을 하다가 안 되면 그에 걸맞게 수정한다.

▼

결국 시장조사는 일을 벌인 다음에야 한다.

　　물론 스티브 잡스도 시장조사를 하지 않았다고 한다. 한데 이건 기업 차원에서 컨설팅 사에 시장조사를 맡기지 않았다는 것이지 정말로 맨땅에 헤딩했다는 게 아니다. 아이팟을 출시하기 전 잡스는 회사에서 음악을 가장 좋아하는 두 명의 직원에게 시중에 있는 모든 MP3 플레이어를 사용해보고, 그에 대한 개선점과 시장 진출 가능성을 조사하게 했다. 즉, 가장 잘할 수 있고 또 가장 관심이 많은 직원의 의견을 존중한 것이다.

　　김기록 대표는 많이 달랐다. 그는 일단 시장에 진출해야 시장조사가 가능하다는 사고방식의 소유자였다. 어떻게 하면 맛있는 음식을 만들 수 있는지 알기 위해 먼저 음식점을 내겠다는 식이다. 김기록 대표의 사업철학을 들어보자.

"사람들은 보통 사업을 시작할 때 먼저 사업기획을 하죠. 무슨 일을 하고 타깃은 누구로 할지, 예산은 얼마나 들지……. 우린 그런 거 없어요. 일단 일을 벌이고 닥치는 문제를 커버하죠. 남들은 이해하기 어려울지 모르지만 우리 회사가 그렇게 큰 회사는 아니잖아요? 이미 시장이 있다면 그 시장엔 대기업이 다 들어가 있을 거예요."

그가 쏟아내는 잔소리 속에서 가장 많은 분포를 차지하는 게 '속도'다.

"소규모 회사가 시장을 공략하려면 아무도 가지 않은 방향으로 가야 하죠. 그때 필요한 건 속도예요. 시장조사를 할 시간에 빨리 만들어서 해보는 거지요. 망하면 어떻게 하느냐고 묻는데, 망하지 않으려고 자꾸 잔꾀를 부린다고 망할 사업이 잘되는 경우는 없어요. 차라리 빨리 뛰어들어 뭐라도 해봐야 시장을 빠르게 파악할 수 있지요. 그러다가 고객 반응을 보고 사업모델을 바꿔서 다른 사업을 벌일 수도 있고. 좀 무식한 방식이긴 하지만 무식한 게 꼭 나쁜 것만은 아니죠. 온라인 비즈니스에서는 특히."

그렇게 코센의 일본 진출이 시작됐다. 물론 어떻게 팔겠다거나 홍보하겠다는 생각은 애초부터 없었다. 일단 나가는 게 우선이었다. 나가면 뭔가가 보일 거라고 생각했다. 메이크샵을 통해 이미 절약의 달인이 되었으니 만약 돈을 못 벌 경우 국내 지출을 줄이면 된다는 것이 그나마 계획이라면 계획이었다.

그 어설픈 계획을 앞세운 코센은 기어코 일본 진출을 감행한다.

1차 도전

해외 진출에는 마치 경구처럼 내려오는 한 가지 규칙이 있다.

"현지인이 경영하게 하고 제품을 현지화하라."

코센이 일본 진출을 꾀한 후 가장 먼저 찾은 건 현지법인을 경영할 만한 일본인이었다. 하지만 내부에는 일본 쪽 인맥이 거의 없었기에 코센에 투자한 적 있는 벤처캐피털에 조언을 구했다. 그때 그곳에서 일하는 김기록 대표의 회사 선배를 통해 일본 IT업계에 종사한다는 야마다(가명) 지사장을 소개받았다. 야마다는 코센 직원들에게 일본 IT산업과 쇼핑몰 시장의 개괄을 설명하며 코센의 일본 진출이 충분히 가능성이 있다는 분석을 내놓았고, 크게 감동을 받은 김기록 대표는 그와 계약을 맺었다.

이후 야마다를 통해 작업이 척척 진행되었다.

먼저 신주쿠에 사무실을 냈다. 겨우 두 사람과 책상 두 개가 들어갈 만한 공간이었지만, 김기록 대표는 처음 코센을 시작할 때를 떠올리며 만족해했다. 그리고 함께 간 직원들 앞에서 코센을 시작할 때의 작은 사무실이 어느새 20명이 함께하는 공간으로 큰 것처럼, 메이크샵 재팬도 그렇게 성장할 것이라 공언하며 축배를 들었다.

코센 한국 본사는 본격적인 일본 진출을 위해 일본어가 가능한 한국 직원을 별도로 뽑았다. 이후 야마다의 계획에 따라 메이크샵을 일본어로 번역하는 작업에 착수했다. 전문 통번역 회사에 번역을 맡기고 그 내용물을 코센의 일본 담당 직원과 야마다가 검토하는 방식으로 한 달 만에 번역을 끝마쳤다. 이어 일본어 사이트를 구축하고 서비스까지 오픈하자 추가로 두 달이 빠르게 지나갔다.

그렇게 3개월 만에 제품이 정비됐지만 좋은 건 딱 그때까지였다.

메이크샵 재팬을 연 지 10개월이 되도록 수입은커녕 계약 하나 이뤄지지 않았다. 그러자 코센 본사와 일본지사의 분위기는 험악해졌다. 본사에서는 계속 실적을 요구했고 지사장은 생각보다 시간이 오래 걸리니 천천히 움직여야 한다고 맞받아쳤다.

생긴 지 채 5년이 되지 않은 소규모 회사의 첫 번째 해외 진출 사업이라 조바심이 났던 것일까? 김기록 대표는 단지 그것만은 아니라고 항변한다.

"꼭 돈 때문만은 아니에요. 어차피 몇 년 정도 적자가 생기는 건 각오했어요. 그보다는 돈이 되지 않아도 좋으니 의미 있는 한 걸음을 보여주는 게 당연한 것 아니냐는 거였죠."

김기록 대표는 계속해서 지사장을 독촉했고 어느새 그에게 지사장은 눈엣가시로 인식됐다. 의욕은 있지만 나이가 60세가 다 되다 보니 속도감이 떨어졌고, 이것이 코센이나 벤처 스타일과 전혀 어울리지 않게 느껴져서다. 지사장의 입장에서는 김기록 대표가 일본 시장을 전혀 알지도 못하고, 또 자신이 하는 일도 이해하지 못하면서 쓸데없이 서두르기만 하는 것으로 보였다.

어쨌든 그건 각자의 사정일 뿐! 서로에 대한 신뢰가 깨지면서 상황은 더 이상 돌이킬 수 없게 됐다. 코센은 아무런 결과물도 없이 돈만 쓰고 있었고, 지사장은 그 나름대로 주변에 이런저런 말을 해둔 게 있어서 업계에서 신뢰를 잃고 있었다.

1년여 만에 코센은 지사장에게 계약 해지를 통보했다. 지사장은 계약 위반이라며 강하게 어필했고 법적 소송 이야기까지 나왔다. 결국 코센의 1차 일본 진출은 법인명을 바꿔 그 법인을 지사장에게 넘기고 도메인까지 주는 선에서 마무리되었다.

사실 코센은 그 지사장이 어떤 노력을 했는지 잘 알지 못했다. 그걸 정확히 알 수 없었다는 것부터가 이미 문제였다. 그나마 다행인 건 '최소비용' 원칙에 충실한 덕에 본사까지 타격이 올 정도는 아니었다는 것뿐이었다.

2차 도전

만화나 드라마에서 주인공은 수차례의 고난을 겪으며 점점 성장하고 강해진다. 하지만 현실은 다르다. 바둑계에는 "이겨야만 실력이 는다."라는 말이 있다. 지면 오히려 자신감이 떨어져 위축될 뿐이라는 얘기다. 김기록 대표는 "시장조사는 필요 없고 부딪치며 배워 나가는 것"이라고 말했지만, 실제로 배운 것은 그리 많지 않았다. 들인 비용에 비해 너무 약소하고 초라한 체험적 지식을 갖고 코센은 2차 도전에 나섰다.

1차 진출에서 배운 교훈은 세 가지였다.

하나, 현지에서 현지인이 일을 추진해도 그 사업 내용을 국내에서 면밀히 알 수 있어야 한다. 코센은 일본에 지사를 세웠지만 그 행동 내용을 자세히 알지 못했다. 단지 국내에 있는 직원이 전화로 내용을 보고받는 정도에 불과했다.

둘, 설령 실패할지라도 신뢰할 수 있는 파트너를 구해야 한다. 코센의 경우 지사장과 끝이 좋지 않았고 끝내기 전부터 벌써 갈등이 커지면서 커뮤니케이션이 원활치 못했다. 사업 실패는 있을 수 있는 일이다. 그러나 지사장과의 관계가 틀어지면서 그가 일본 시장에서 겪은 1년간의 경험은 코센에 전해지지 않았다.

셋, 현지 사정에 밝고 어느 정도 규모가 있는 파트너를 만나야 한다. 야마다 씨는 일본에 대해서는 웬만큼 알았지만 일본의 IT업계는 제대로 파악하지 못했다. 시간이 흐르면서 조금씩 IT 시장을 파악한 뒤에도 코센의 사업 파트너로서 일본 내 다른 기업과의 협상을 진행하기엔 무리가 따랐다.

일본 시장에서 철수하자마자 코센은 신뢰할 만하고 현지 사정에 밝은 파트너를 찾았다. 우연인지 인연인지 연락할 루트를 찾기 시작하자마자 일본의 한 벤처캐피털인 A사에서 연락을 해왔다. 그리고 그들은 일본에서 사업을 하고 있었지만 사장이 한국계라 커뮤니케이션에 막힘이 없었다. 일본에 진출한 지 1년이 되었음에도 좋은 아이템을 찾지 못하고 있던 A사는 마침 높은 인기를 얻고 있던 메이크샵 이야기를 듣게 된 것이었다.

A사는 메이크샵을 철저하게 현지화해야 한다고 주장했다. 그들은 단순 번역만 해서는 일본인에게 어필하기 힘드니 자신들의 주도

아래 메이크샵을 현지화해 거기에서 나오는 수익을 나누자고 제의했다. 코센의 입장에서는 전혀 나쁠 게 없었다. 대표가 한국인이었기에 작업 내용을 상세히 알 수 있었을 뿐 아니라, 대책 없이 사업을 함께할 기업을 찾던 전 지사장과 달리 안정적인 로드맵도 제시했기 때문이다.

이에 따라 코센은 완전한 일본 현지 커스터마이징을 위해 메이크샵의 핵심 시스템을 제외한 뼈대를 재구축했다. 1차 진출 때보다 더 큰 사무실을 구해 3~4명의 개발자와 디자이너가 일본에 상시 거주하며 직접 개편에 나선 것이다.

현지화는 브랜드명 작업부터 손을 댔다. 일본 시장에서는 아직까지 메이크샵 같은 솔루션이 자리 잡지 못한 상황이었다. 그래서 국내 쇼핑몰들이 초기에 그러했듯 일본의 쇼핑몰 운영자는 하드코딩을 통해 힘들게 쇼핑몰을 구축해야 했다. 코센과 A사는 쇼핑몰을 쉽게 구축할 수 있다는 이미지를 강조하기 위해 '메이크샵'이 아닌 '이지샵'이라는 브랜드를 내놓았다. 또 보안이나 결제 시스템 등을 일본 시장에 맞게 새롭게 구성했고 구매버튼의 위치, 색상, 모양까지도 현지화했다. 1차 진출이 현지인이 경영하는 수준에 머물렀다면 이번에는 제품의 현지화까지 한 단계 더 나아간 셈이다.

하지만 이번 진출도 잘 풀리지 않았다. 현지법인도, 제품도 있었지만 가장 중요한 '판매'에 이르지 못했던 것이다. A사는 어느 정도 자본이 있는 기업이긴 했으나 한국인이 만든 회사인지라 일본 시장에 정통하지 못했다. 또 한국 기업이라는 이유로 무시당하기 일쑤였다. 열심히 영업에 나섰음에도 A사는 일본 시장의 판로를 뚫지 못했다. 결국 수익을 내지 못한 A사는 1년 만에 일본 시장에서 철수했다.

그 피해는 고스란히 코센에 전해졌다.

2차 진출은 어느 정도 체계가 잡혔던 만큼 비용이 많이 들었다. 사무실부터 3배 크기였고 직원들의 일본 체류비용도 적지 않았다. 비싸게 구입한 각종 기자재는 마땅히 처리할 곳이 없어서 거의 헐값에 처분해야 했다. 그러다보니 한국에서의 이익은 일본 시장의 적자로 고스란히 사라졌다.

무엇보다 큰 피해는 자신감 상실이었다. 1차 진출은 투자금액도 노력도 크지 않았기에 시장 적응 경험을 했다고 생각할 수 있었지만, 2차 진출은 상대적으로 상처가 클 수밖에 없었다.

을의 배신

두 번의 일본 진출에 대한 코센 내부의 반발은 컸다. 그러나 3차 진출에는 다들 그러려니 했다. 관성처럼 해오던 일을 하는 것이기도 했고, 어차피 반발해 봐야 김기록 대표가 밀어붙일 거라는 걸 알았기 때문이기도 했다. 또 일본까지 가서 작업한 결과물을 그냥 포기하기가 아깝기도 했다. 김기록 대표는 이번 진출이 마지막이라 천명했고, 직원들에게도 그러한 그에게 도전할 힘이 더는 남아 있지 않았다.

1차 진출에서 약간의 돈을 잃고 약간의 깨달음을 얻었다면, 2차 진출에서는 더 많은 돈을 잃고 더 중요한 깨달음을 얻었다. 1차 진출의 실패를 통해 소호 규모의 지사에는 한계가 있음을 깨달은 코센은 2차 진출에서 좀 더 규모 있는 파트너를 찾았다. 하지만 그들은 일본 시장에서 검증받은 파트너가 아니었기에 코센에게 없던 '영업력'을 제대로 보충해주지 못했다.

여기서 코센은 새로운 깨달음을 얻었다. 바로 해외에서는 '없어 보이면 안 된다'는 것이다. 제 나름대로 투자금이 좀 있다던 A사도 일본 시장에서는 그저 외국인이 경영하는 소규모 회사일 뿐이었다. 일본이 한국을 보는 시각은 한국이 동남아를 보는 시각과 크게 다르지 않았다. 그도 그럴 것이 2012년 한국의 1인당 GDP는 일본의 3분의 2 수준이지만, 2002년에는 채 절반이 되지 않았다. 그러다 보니 한국에서 아무리 성공한 기업이라 해도 일본 기업들은 의심의 눈초리를 감추지 않았다.

1차와 2차 진출에서 많은 수업료를 치르며 얻은 교훈을 바탕으로 코센은 3차 진출 전략을 짰다.

- 국내에서 1위라고 해봐야 일본의 관점에서는 약소국의 구멍가게다. 고로 있어 보이는 회사로 연출해야 얕보이지 않는다.
- 코센에겐 기술은 있지만 마케팅 능력은 없다. 고로 일본 현지에서 마케팅 파워가 있는 기업과 접촉해 기술을 넘긴다.

이러한 전략 아래 코센은 도쿄타임스타워의 사무실을 임대했다. 그 초고가 빌딩이 위치한 곳은 일본에서뿐 아니라 세계에서도 가장 땅값이 비싼 지역으로 알려져 있다. 임대료가 비싸 넓은 사무실을 구할 수는 없었지만, 코센은 최소한 사기를 치려고 온 기업이 아니라는 느낌을 주기 위해 노력했다. 또 2차 진출 때처럼 합작으로 진출하지 않고 단독 진출해 메이크샵 재팬 법인을 만들었다. 이 역시 신뢰를 주기 위한 노력의 일환이었다. 나아가 일본 기업을 대하는 태도도 '우리 좀 도와달라'가 아니라 '한번 같이 잘해보자' 마인드로 바뀠다.

다행히 3차 진출은 흐름이 좋았다.

일본의 쇼핑몰 시장은 라쿠텐, 야후재팬 등 대형업체들이 꽉 잡고 있었다. 그러한 구도 속에서도 중소상공인들이 자기 이름으로 쇼핑몰을 내고자 욕심을 내면 시장이 열리기 시작한다. 일본은 한국에 비해 지역성이 강하고 특산물도 활성화되어 있어 성장 가능성이 커 보였다.

3차 진출에서는 대형업체들이 코센의 메이크샵에 관심을 보였는데, 흥미롭게도 이번에는 대형 사업자가 셋이나 달려들었다. 제발 어떤 여자든 사귈 수만 있으면 좋겠다던 마인드에서 벗어나자 코센에게 미녀 셋이 한꺼번에 마음을 연 것이다.

그중 가장 적극적인 회사는 O사였다.

O사의 적극적인 오퍼에 코센은 가계약에 들어갔다. 그 가계약의 마지막 부분에는 '최종계약 이전 한쪽이 원할 시 언제든 이 내용을 파기할 수 있다'는 조항이 있었다. 이는 O사가 행여나 자사에 손해되는 일이 생길 경우 계약을 취소하기 위해 만든 조항이었다.

아마 O사는 그 조항이 나중에 역으로 사용될 거라고는 상상도 못했을 것이다. 계약을 사흘 앞두고 김기록 대표는 계약서에 도장을 찍기 위해 일본으로 갔다. 그때 그는 일본 지사장에게 놀라운 소식을 들었다. GMO라는 회사의 컨택이 있었다는 얘기였다. 메이크샵에 대한 로열티 분배는 O사와 같았지만 그들이 제시한 투자금은 2배나 높았다.

김기록 대표의 인간적인 고뇌가 시작되었다. O사는 이미 긴 시간을 함께 일해 온 사이였고, GMO는 전혀 알지도 못하고 고려하지도 않던 업체였다. 그럼에도 일본 내 3위라는 막강한 마케팅 파워를 자랑하는 GMO를 무시하기는 쉽지 않았다.

코센에 이처럼 좋은 조건이 제시된 이유는 국내에서 경쟁을 벌이던 E사와 연관이 있다.

코센과 E사는 거의 비슷한 생각으로 일본에 진출했다. E사는 영업력을 바탕으로 먼저 GMO라는 마케팅 회사와 접촉했다. 당시 국내 시장에서 밀리고 있던 E사는 일본 시장에서 한 방에 코센을 추월하고자 좋은 파트너를 찾고 있었고, GMO와도 접촉이 있었다. 그런데 GMO에서 E사가 너무 높은 가격으로 제안을 해서 망설이던 중, 코센이 O사와 협의 중이라는 소식을 듣고 재빨리 손을 내민 것이다.

김기록 대표는 고민하지 않을 수 없었다. 하지만 드라마의 주인공답게 "세상에 돈이 전부는 아니다."라며 O사와의 의리를 저버리지 않겠다는 마음도 잠시, 기업인으로서 이런 호재를 놓칠 수 없다는 결론을 내렸다. 코센은 기술을 이전하고 로열티를 받는 사업모델이라 당장의 이익을 떠나 파트너의 마케팅 능력이 중요하다고 판단했기 때문이다. 또한 그것은 E사를 국내 경쟁에서 완전히 도태시킬 수 있는 기회이기도 했다.

O사와의 계약을 하루 앞두고 그는 계약을 파기하겠다는 팩스를 보냈다. O사는 거세게 항의를 했다. 아무리 가계약서에 파기 가능 조항이 있다 해도 상도덕에 어긋나지 않느냐는 것이었다.

징글맞게 시달린 김기록 대표는 술 한 잔을 털어 넣고 어렵게 잠을 청했다. 편한 침대에서 유격하던 기분으로 잠을 잔 그가 호텔 방을 나오자 몇몇 일본인이 나타나 그를 반겼다. GMO 측이었으면 얼마나 좋았을까? 곤란하게도 계약을 파기한 O사의 사람들이었다. 좋았던 건 김기록 대표가 일본어를 하지 못한다는 점이었고, 나빴던 건 저쪽이 한국어를 할 수 있다는 점이었다. 급기야 호텔에서 이른바 런닝맨 촬영을 불사르는 추격전이 펼쳐졌다.

평생 쇼를 구경하기만 했지 자신이 쇼의 주인공이 되어 본 적 없던 김기록 대표는 화려한 원맨쇼를 펼친 끝에 GMO와 계약을 맺었다. 항상 굽실대던 을이 배신을 한 셈이었다.

애인에게 이별을 통보받으면 청승맞게 울 수밖에 없는 건 인지상정, 그럼에도 어쨌든 살아야 하기에 코센도 O사도 마음을 추슬렀다. 흔히들 혼네(本音, 속마음)와 다테마에(建前, 겉모습)를 들먹이며 일본인은 정이 없다고 말한다. 특히 비즈니스에서 겉으로는 예의바르게 행동하지만 속으로는 항상 이문(利文)만 고려한다고도 한다. 사실은 사적인 관계를 중시하는 한국과 비즈니스 방식이 다를 뿐, 일본인도 한국인과 같은 사람이다.

GMO와 합작으로 사업을 진행하기 전, 코센은 무엇보다 O사와의 말끔한 관계 정리에 힘을 쏟았다. 가장 중시한 건 그동안 일을 함께 진행해온 O사 직원들과의 관계를 지속하는 것이었다. 함께 일하며 쌓인 정도 무시할 수 없었지만 그들은 언제 어디서든 다시 만날 사람들이었기 때문이다. 연인끼리 싸울 때도 밀당을 하고, 헤어지면서도 화해의 여지를 남기는 게 좋듯 비즈니스도 마찬가지다.

코센은 O사에 응분의 보상을 제안했다. 메이크샵과 GMO가 합작해서 만든 메이크샵 GMO에 O사를 협력 파트너로 삼으며 양사의 관계가 무너지지 않도록 한 것이다. 물론 O사 측은 아쉬웠겠지만 그들도 냉정한 비즈니스 세계에서 더 좋은 조건을 선택하는 것은 어쩔 수 없는 일임을 알고 있었다.

일본에서 쇼핑몰 ASP 서비스를 제공하고 있는 메이크샵재팬

양사가 그리 기분 좋게 끝났을 리는 없지만 어쨌든 양사 모두 단순히 눈앞의 이익만 좇지는 않았고, 이후에도 양사의 좋은 관계는 계속 이어지고 있다. 그리고 그때 함께한 O사의 직원은 지금 코센의 일본 지사장으로 있다.

이후 코센은 승승장구했다. 메이크샵 GMO는 메이크샵을 일본에 맞게 현지화한 메이크샵 재팬을 출시했다. 비록 수익을 나누는 비율은 GMO 측이 압도적으로 높았지만 코센 역시 안정적인 수익을 올리게 되었다. 합작은 다른 측면에서도 의미가 있었다.

먼저 코센은 최초로 포트폴리오 국제화를 열었다. 한국 시장 하나만으로는 안정성이 다소 떨어졌으나 일본 시장이 함께하면서 안정성이 더욱 높아졌다. 더구나 코센은 기술을 이전하고 로열티를 받는 사업모델이라 애초에 적자가 날 리 없었다. GMO는 막강한 마케팅 능력으로 일본 시장을 서서히 점령했고, 코센은 그저 문제가 발생할 때마다 개발팀이 수정해주는 것이 전부였다. 개편을 거듭할수록 개발 쪽에 들어가는 일손은 줄어들었으므로 코센으로서는 손해 볼 게 없는 장사였다.

덕분에 안정적으로 현금흐름을 창출했다는 현실적인 장점도 대단했지만, 최초의 해외 진출에 성공했다는 의미도 컸다. 만약 코센이 3차 진출까지 실패했다면 이후 해외 진출이 힘들었을지도 모른다. 다행히 결과는 성공적이었고 그 뒤 코센은 미국, 독일 등지로도 진출하게 되었다. 물론 이것은 한참 뒤의 일이고 이제 코센이 경험하게 될 실패는 더욱더 무섭고 냉엄했다.

이승환	우와, 일본에서도 성공하고. 사장님, 돈 많이 벌었겠어요. 월급 좀 올려주세요.
김기록	일이나 잘하고 그딴 소리 해.
이승환	낯선 일본 땅으로 진출하면서 제대로 시장조사도 하지 않았다는데 사실입니까?
김기록	음, 사실이야.
이승환	왜 그러셨습니까?
김기록	시장조사할 시간에 아예 몸으로 부딪치는 것이 시장을 파악하기에 쉬우니까. 현업 종사자와 그렇지 않은 사람의 갭은 상당히 커. 현업에 있는 사람은 제 나름대로 이유가 있어서 그렇게 하는 건데, 호사가들은 뒤에서 이런 전략은 문제가 있다고 떠들어대잖아. 그거 현업 사람들이 몰라서 그러는 게 아냐. 다 자기 나름의 사정이 있는 거지. 그 사정을 알려고 간 거지.
이승환	하지만 시장조사는 비용을 줄인다는 점에서 큰 의미가 있습니다.
김기록	지도를 보면서 그 땅에서 어떻게 전쟁하겠다고 머리를

쥐어짜는 건 무의미해. 최소한 모의전, 시뮬레이션이라도 해봐야 감을 잡지. 물론 그만큼 지출은 크겠지만 또 그만큼 더 잘 알게 되고 자신감도 생기지.

이승환   막상 일본으로 나가 보니 어땠습니까? 그 때 실패한 이야기를 좀 해주시죠.

김기록   뭐, 돈은 좀 까먹었지만 두 번 실패하면서 많이 배우기도 했지. 일단 처음 진출했을 때는 아무것도 준비가 안 된 상태니까 정말 아무것도 못하고 망한 감이 있지만…….

이승환   두 번을 망하고도 참 잘 버텼습니다.

김기록   한국에서도 그랬는데 뭘. 이것도 서러워서 계속 도전한 감이 있어. 3차 진출을 결정하기 위해 일본에 갔을 때, 사람들이 어찌나 바쁘게 왔다 갔다 하던지. 그 많은 사람 중 우리와 호흡하는, 우리를 위해 바쁘게 뛰는 사람이 하나 없다는 사실이 너무 서럽고 억울했지. 직원들이랑 회사에 미안하기도 하고. 그래서 마지막으로 한 번 더 해보자고 오기를 부린 거야.

이승환   한국과 일본의 차이는 없던가요?

김기록   비슷해. 일본인은 어떻고 또 한국인은 어떻고 하는데, 비즈니스는 어디나 냉정해. 당하는 입장에서는 별의별 소리를 다 하지. 그래도 일본이 좀 달랐다면……, 일본인은 최소한 앞에서는 좋은 척을 해줘. 얼마나 깍듯한가 하면 밖에서 차 문 열어주는 건 기본이고 우산까지 펼치고 대기하고 있어. 뭐, 결과물이 없는 건 똑같았지만······.

이승환   1차 진출에 실패한 이유를 간략히 설명하자면?

김기록   그냥 멋모르고 시도하다 망한 거야. 처음에 야마다 지사
         장은 열정은 있었는데 성과가 전혀 없었지. 더 기다려주
         는 게 정답일 수도 있겠지만 적어도 우리하고는 맞지 않
         았어. 작은 벤처기업에서는 스피드가 생명인데 그걸 맞
         추지 못했으니까. 기업이 300명 규모로 커진 지금은 그처
         럼 성급하게 결정을 내리지 않을지도 모르지만, 그때는
         어쩔 수 없었어. 믿을 만한 사람이라면 또 몰라도······.
         그럴 사람을 보낼 수 있는 상황도 아니었고. 그냥 돈 날리
         고 배운 셈 쳐야지.

이승환   그렇다면 2차는?

김기록   솔직히 A사가 장사꾼 마인드가 너무 컸어. 마인드 자체
         가 자기들이 뭔가 해보겠다기보다 한국에서 잘되는 거
         가져와서 팔아보겠다는 마인드였거든.

이승환   좋은 물건 내다 파는 건 당연한 일 아닙니까?

김기록   그러려면 자기들이 물건에 대해 잘 알아야 해. 옷 사는 데
         점원이 옷에 대해 꿰고 있지 않으면 어떻게 손님을 설득
         하겠나. 메이크샵이 정말 좋다는 걸 자기도 받아들이고
         인정해야 하는데, 그냥 포장 잘하고 선전하면 되지 않겠
         느냐는 식이었지. 어찌 보면 메이크샵을 자기들을 서포
         트하는 개발조직으로 인식했던 것 같아. 한국에서도 안

먹히는데 상거래가 깐깐한 일본에서 그런 마인드가 먹힐리 없지. 그에 비하면 GMO는 큰 기업인데도 우리와 파트너로 만나려 했고.

이승환   도저히 현지 회사를 끼고 도전하기 힘들다고 생각해 3차는 지사를 내고 단독 진출한 겁니까?

김기록   이게 시장조사가 아닌 시장 진출을 통해 배운 건데, 현지에 가면 계획이 다 틀어져서 수정해야 하더라고. 해보니까 본사와 빠르게 소통하고 주도적으로 변화하기에는 단독 지사가 오히려 편해. 약점도 있겠지만 한국 스타일, 코센 스타일로 빠르게 의사결정하며 환경에 대응한다는 장점도 분명 있었어.

이승환   3차 진출에서 도쿄 중심가에 사무실을 얻었잖아요? 굳이 번듯한 사무실이 없어도 재무제표를 밀어 넣으면 꽤 혹할 만하다고 생각합니다만.

김기록   이건 반대로 생각하면 편해. 한국에 베트남 회사가 진출했다고 생각해 봐. 우리가 그쪽을 쉽게 믿겠어? 요즘이야 케이팝이나 한국 드라마가 인기를 끌고 또 한국 기업들이 엄청나게 성장하면서 일본이 한국을 무시하지 못하지만, 2000년대 초반 한국은 일본의 눈에 동남아나 마찬가지였어. IT산업에서 앞서가고는 있었지만 별로 인정하지 않았지. 그러니 그렇게라도 우리가 좀 만만한 회사가 아니란 걸 보여줄 필요가 있었어.

이승환 이후에는 일이 잘 풀렸나요?

김기록 꼭 잘 풀렸다고 보기는 뭐하지만, 일본 유수의 마케팅 기업들과 어느 정도 대등한 위치에서 이야기가 가능했지. 거기도 바닥이 좁으니까 소문이 금방 돌았고.

이승환 일본 진출 때 과감히 은행에서 자금을 융자받을 생각은 없었나요?

김기록 코센이 완전 무차입경영을 추구하는 회사는 아니지만, 지금도 빚이 거의 없는 편이긴 해. 한국과 일본을 오가며 느낀 건데 은행은 정말 믿을 게 못 되는 것 같아. 〈한자와 나오키〉라는 일본 드라마에서 주인공이 말하지. 은행은 햇빛이 비칠 때 우산을 빌려주고, 비가 오면 우산을 뺏는다고. 지금은 은행들이 코센에 서로 빌려주려고 하지. 그런데 정작 힘들 때는 몇 백 빌리기도 어려웠어. 이건 일본이나 한국이나 똑같다고 보면 돼. 금융은 원래 철저하게 부정하고 약점을 물고 늘어지는 스타일이야. 실질적으로 돈을 필요로 하는 회사에 돈을 주는 게 아니지.

이승환 일본에 진출하려는 젊은 기업인들에게 해주고 싶은 말이 있다면?

김기록 없어. 그때랑 지금이랑 환경도 많이 다를 거고. 또 아이템에 따라 천지차이일 거고. 심지어 누가 하느냐에 따라서도 다를 거야.

이승환 책 판매량 떨어지는 소리가 들리는군요.

김기록	그냥 맛있는 거나 잘 먹고 오라고 할까? 죽어라 일하는데
	밥까지 못 먹으면 서럽잖아.
이승환	……
김기록	그럼 난 미팅이 있어서…….

시원하게 도전하고
시원하게 말아먹다

자아, 다음은 중국이다

전 세계 인터넷 시장은 승자독식이 극심하다. 웹 게임은 한국과 미국의 게임업계를 중심으로, 검색엔진은 구글을 중심으로, 전자상거래는 아마존을 중심으로 돌아간다. 그런데 유독 한중일 3개국은 이러한 흐름과 무관하게 독자적인 시장을 형성하고 있다. 3개국의 검색엔진 1위는 각각 네이버, 바이두, 야후재팬이다. 그리고 전자상거래 사이트 1위는 옥션, 타오바오왕(淘宝网: 중국의 최대 오픈마켓으로 옥션이나 G마켓과 유사함), 라쿠텐이다. 제아무리 전 세계를 지배하는 IT 서비스라고 해도 이들 3개국에서 성공하는 건 쉽지 않다.

특히 중국은 자국 기업 보호가 대단하고 법도 잘 정비돼 있지 않아 많은 IT기업들이 쓴맛을 봤다. 이런 위험요소를 잘 알면서도 IT 기업들은 중국 시장에 진출했다. 15억이라는 인구가 몹시 매력적으로 보였기 때문이다. 더구나 중국은 연 10퍼센트가 넘는 엄청난 경제성 장률을 보였기 때문에 아무리 리스크가 높아도 관심을 버릴 수가 없었 다. 상황을 살피던 코센도 기어코 그 매력적인 시장에 발을 내디딜 궁 리를 하기 시작했다.

기획팀과 김기록 대표의 대화는 3단계로 나뉜다.

1단계 ⟩⟩⟩

김기록 대표	야, 이거 해봐.
기획팀	사장님이 말씀하신 서비스는 시장에 자본적으로 우위를 가진 경쟁자가 많습니다. 게다가 그 시장 자체도 그리 크지 않습니다. 성공해도 얻을 수 있는 수익이 크지 않은데, 강한 경쟁자들까지 있으니 아무래도 힘들 것 같습니다.
김기록 대표	네가 해봤어?
기획팀	……
김기록 대표	해.
기획팀	네…….

2단계 ⟩⟩⟩

김기록 대표	일은 어떻게 되어가고 있어?
기획팀	현재 이 아이템은 전체적으로 성장률이 제로에 가깝습니

다. 지금 있는 사업자들도 모두 제살 깎아먹기로 연명하고 있는 수준입니다. 더군다나 현재 우리가 가지고 있는 서비스와 시너지가 나기 힘든데, 군이 이 서비스를 밀어붙일 필요는 없어 보입니다.

김기록 대표   그게 최선이야? 확실해?

기획팀   ……

김기록 대표   해.

기획팀   네…….

3단계 ﹥﹥﹥

김기록 대표   일은 어때?

기획팀   ……

김기록 대표   못하겠어?

기획팀   네…….

김기록 대표   그럼, 내가 다른 일을 주지.

기획팀   ……

김기록 대표   그건 그냥 적당히 냅두고 이 일 해.

마침내 그 희생양이 될 직원이 등장했다. 중국 진출의 선도에 서게 될 허재영 지사장이다.

시작도 못한 1차 실패

허재영 지사장은 사업에 관심이 많고 촉이 좋은 사람이다. 그는 대학 시절에 배낭여행으로 일본과 미국을 오가며 운동화 시장에 관심을 기울였다. 해외에는 한국의 반값 이하에 구할 수 있는 운동화가 많았고, 심지어 한국에서 구할 수 없는 운동화도 있었다. 일본과 미국에서 신발을 들여와 인터넷으로 팔면 큰 이익을 보겠다고 생각한 그는 쇼핑몰을 열었다.

마침 한국에는 신발 전문매장이 막 들어서고 있었다. 점점 신발도 패션이라는 인식이 높아지면서 신발 전문 쇼핑몰의 매출은 빠르게 상승했다. 성격이 꼼꼼한 그는 메이크샵을 사용하면서 문제가 되는 부분을 발견할 때마다 메이크샵에 전화를 걸었다. 덕택에 메이크샵의 기능 개선에 많은 도움을 주었고, 이를 계기로 김기록 대표와 인연을 맺게 되었다.

두 사람은 서로 대학 선후배 사이임을 알고 나서 더욱 돈독해졌고, 김기록 대표는 학연을 빌미로 스카우트 작전에 돌입했다. 중국 어학연수 경험이 있는 허재영 지사장을 설득해 중국으로 진출하기 위해서였다.

김기록 대표 남자가 쇼핑몰에 파묻혀 있어서야 되겠냐? 좀 더 큰 뜻을 품어야지.

허재영 지사장 괜찮아요. 쇼핑몰 장사 잘돼요.

첫 번째 오퍼는 실패했다. 이번에는 더 구체적인 제안을 던진다.

김기록 대표   너 중국어 좀 하지 않냐? 남자라면 중국 진출 한번 해봐
야지?

허재영 지사장 쇼핑몰 관리하는 것만도 시간이 벅차요.

두 번째 오퍼도 물 건너갔다.

어떻게 하면 허재영 후배의 마음을 돌릴 수 있을까? 김기록 대표는 자나 깨나 그 생각뿐이었다. 그러다가 나온 생각이 인수합병이다. 향수 쇼핑몰은 여전히 코센의 주요 수입원이었다. 여기에 신발 쇼핑몰을 더하면 포트폴리오의 안정성을 담보할 수 있고 또 규모의 경제로 재고관리와 유통비용 절감에도 유리할 터였다. 물론 이건 김기록 대표가 혼자 생각한 야무진 계획에 불과했다. 그러나 허재영 후배의 쇼핑몰에 변화가 생기면서 상황은 확 바뀌고 말았다.

"잘되던 쇼핑몰이 한순간에 망했어요. 1억 가까운 세금 폭탄을 맞았는데 그걸 한 번에 내야 했거든요. 좀 순진했나 봐요. 물건을 싸게 사서 비싸게 팔면 된다고만 생각했지 세금까지 계산하지는 않은 거죠. 적자를 본 것은 아니지만 더 이상 쇼핑몰을 운영하고 싶지가 않았어요. 그래서 동업하던 친구에게 넘기고 접었죠. 사실 더 큰 것에 도전해보고 싶기도 했고요."

그렇게 허재영 지사장은 코센에 백기 투항했고 코센의 중국 진출이 시작됐다. 그런데 꼼꼼하고 합리적인 그의 스타일은 처음부터 김기록

대표와 충돌을 빚었다. 김기록 대표는 우선 지사를 내라고 했고, 그는 사업 아이템도 없이 왜 지사를 내느냐고 맞섰다. 김기록 대표는 메이크샵 중국어 버전을 팔자고 했고 그는 일단 시장조사부터 하겠다고 버텼다.

모든 걸 자기 마음대로 해야 직성이 풀리는 김기록 대표지만 이번에는 한 발 물러섰다. 해외 진출에서 무엇보다 중요한 건 신뢰할 만한 사람이라는 사실을 일본 진출을 통해 깨달았기 때문이다. 능력 있는 직원, 중국어를 잘하고 중국에 익숙한 직원은 얼마든지 뽑을 수 있지만 믿을 만한 사람을 찾기는 쉽지 않았다.

2005년 중국에 파견된 허재영 지사장은 우선 시장조사에 들어갔다. 중국에 진출한 글로벌 IT기업은 100퍼센트 지분으로 설립할 수 없고, 반드시 중국 기업과 함께 합자회사(合資會社: 중국 기업과 외자 기업이 함께 지분을 투자한 기업)를 설립해야 했다. 하지만 코센은 마땅한 파트너를 찾는 데 실패했다. 한국과 일본에서 성공한 서비스로 실력은 인정받았지만, 중국 기업들은 메이크샵이 중국에서 성공하기는 힘들다며 협력을 꺼렸다.

중국 기업들이 코센의 제의를 거절한 이유는 그때까지 중국은 소규모 쇼핑몰을 통한 인터넷 전자상거래를 할 만한 환경을 갖추지 못했기 때문이다. 가령 한국과 일본에서는 전자상거래를 통해 사기를 당해도 이후 보상받을 수 있다는 기대가 있다. 소규모 쇼핑몰이 자리를 잡으려면 이러한 '사회적 신뢰'가 뒷받침되어야 한다. 그런데 중국은 영토는 넓고 전자금융결제 시스템은 한국이나 일본만큼 발달하지 못해 인터넷에서 물건을 믿고 사기가 힘들었다.

중국의 인터넷 거래는 대형 쇼핑 사이트 타오바오왕이 독점적으로 장악하고 있다. 중국인들이 타오바오왕을 믿고 사용하는 이유는 신용 시스템이 갖춰져 있어서다. 타오바오왕은 중국 신용 시스템의 미흡한 점을 보완하기 위해 전자상거래에 즈푸바오(支付實: 중국의 온라인 결제 사이트)라는 담보 시스템을 도입했다. 이는 한국의 안전결제와 유사한 시스템으로 구매자가 즈푸바오에 돈을 입금하면, 즈푸바오는 결제액을 대기하고 있다가 제품이 문제없이 구매자의 손에 들어간 후 그 결제액을 판매자에게 준다.

소규모 쇼핑몰 사업자는 이런 시스템을 갖추기 힘들었고, 그 한계를 잘 아는 중국 기업들은 코센의 제의를 거절한 것이다. 이렇게 해서 코센의 1차 도전은 시작도 하지 못하고 엎어졌다.

2차 도전, 코센 최초의 물류사업 진출

결국 중국 파트너는 구하지 못했다. 중국에서 파트너를 구하는 것은 일본보다 훨씬 더 힘들었다. 전 세계 굴지의 기업들이 중국에 진출해 서로 손을 잡아달라고 아우성치는 상황에서, 코센처럼 소규모 기업이 두각을 나타내기는 쉽지 않았다.

그렇게 별다른 성과 없이 1년이 지났다. 중국 시장에서 메이크샵을 바탕으로 한 사업이 힘들다고 판단한 허재영 지사장은 새로운 사업 모델을 찾았다. 그때 눈에 들어온 것이 중국의 한류 열풍이었다. 2005년

후진타오 주석조차 〈대장금〉을 매우 좋아한다고 밝힐 정도로 한국 드라마는 큰 인기를 끌었다. 동방신기가 10대 광고모델 부문에서 영향력 1위를 기록하는 등 케이팝도 대세였다. 이에 따라 한국은 젊은 층에게 트렌디한 나라로 여겨졌고 자연히 한국 패션에 대한 관심이 높아졌다.

이 점에 착안한 코센은 한국 패션 쇼핑몰 '오망고'를 런칭했다.

시작은 순조로웠다. 무엇보다 한국에서 잘나가는 대다수 쇼핑몰이 메이크샵을 사용하고 있었기에 그들과 쉽게 접촉할 수 있었다. 덕분에 한국에서 인기 있는 의류를 선별하거나 제품을 확보하는 일이 한결 수월했다. 여기에다 몇 년간 쇼핑몰을 관리한 노하우가 있어서 쇼핑몰을 안정적으로 운영할 수 있다는 자신감도 있었다.

그뿐 아니라 카피 제품이 아닌 진품을 판매한다는 점에서도 차별화가 가능했다. 한국 쇼핑몰의 피팅모델 사진은 워낙 예쁘고 스타일이 좋아서(포토샵의 힘은 위대하다) 중국에서도 인기가 있었다. 그러다 보니 중국의 많은 쇼핑몰이 한국 쇼핑몰의 사진을 그대로 가져다 사용하거나 중국 공장에 같은 디자인으로 제품을 주문해 싸게 파는 경우도 많았다. 오망고에서 파는 옷은 중국 쇼핑몰의 카피 제품보다 가격은 비쌌지만, 짝퉁이 아니라는 점에서 프리미엄이 있을 것으로 보였다.

더구나 오망고 런칭은 코센에게 큰 의미가 있었다.

코센은 그 이름에서 알 수 있듯 처음부터 쇼핑몰 솔루션 시장이 아닌, 무역의 중심을 노리고 있었다. 이제야 코센이 그간 바라고 또 바라던 무역 세계에 발을 담근 셈이었다. 다행히 오망고는 중국 인터넷에서 작게나마 화제가 되기도 했다. 한국 쇼핑몰의 예쁜 피팅모델 사진이 잔뜩 모여 있다는 것만으로도 인터넷에서는 이슈가 될 수 있었다.

그런데 인기와 판매는 비례하지 않았다. 문제는 가격에서 발생했다.

코센은 무역이 처음이었다. 신발 쇼핑몰을 운영하던 시절, 허재영 지사장은 해외에서 물건을 들여와 팔았을 뿐 물건을 해외로 팔아본 적은 없었다. 한국에서 상품을 중국으로 내보내면 관세가 20퍼센트, 부가세가 10퍼센트 정도 붙으면서 가격이 30퍼센트나 상승했다. 여기에 국제 배송비, 중국 국내 배송비 등 부대비용까지 고려하면 가격이 50퍼센트 가까이 치솟았다.

코센의 본래 계획은 중국 중산층 공략이었다. 카피한 옷을 입는다는 것에 부끄러움을 느끼고, 물건에 충분히 제값을 쓸 수 있는 계층을 타깃으로 삼아 시장을 늘려나가고자 한 것이다. 하지만 가격이 상승하자 포지셔닝이 모호해졌다.

중국인들은 오망고에서 옷을 구입할 돈이면 아예 백화점에서 사는 게 낫겠다고 생각했다. 코센이 제아무리 물건을 엄선했을지라도 백화점에 들어가는 브랜드와 싸우는 것은 무리였다. 그렇다고 한국 쇼핑몰의 옷을 그대로 베껴 약 3분의 1 가격에 파는 중국 쇼핑몰과 가격 경쟁을 할 수도 없었다.

전자상거래에서의 위험요소 제거도 불가능했다. 타오바오왕처럼 안전결제 시스템을 도입할 수 없었던 코센은 한국의 쇼핑몰 구축 1위 기업이 운영하고 있음을 강조하고, 배송 문제가 있으면 100퍼센트 보상하겠다는 규정까지 내밀면서 여러모로 안전하다는 인상을 주기 위해 노력했다. 그러나 그것만으로는 충분한 신뢰를 얻지 못했다.

그나마 다행인 것은 중국에 진출한 한국 기업에 오망고를 매각하면서 손해를 보지는 않았다는 점이다. 한 발 늦게 코센과 비슷한 아이템을 생각해낸 S사는 직접 쇼핑몰을 열기보다 오망고를 인수하는 게 비용 절감에 더 유리하다고 판단했다. 그래서 오망고가 생길 때부터 꾸준히 인수 의사를 표시했고, 긴 협상 끝에 인수가 확정됐다. 하지만 S사 역시 코센이 넘지 못했던 벽을 넘지 못했고 결국은 사업을 포기하게 된다. 여담으로 인수가 성사된 날, 허재영 지사장은 쇼핑몰로 돈을 긁어모을 때보다 그날이 훨씬 더 기뻤다고 했다.

3차 도전, 코센 최초의 오프라인 상점 오픈

그밖에도 오망고에는 몇 가지 문제가 더 있었다.

먼저 배송기간이 길었다. 사람들이 온라인보다 돈을 더 내고 오프라인에서 옷을 구매하는 이유는 자신이 원하는 옷을 그 자리에서 손에 넣을 수 있기 때문이기도 하다. 한국에서는 옷을 주문하면 대개 그 다음 날 받아볼 수 있지만, 오망고는 한국에서 물건을 배송해야 했기에 일주일 이상 걸리는 경우가 허다했다.

또한 매장이 없어서 품질을 확인하거나 자신에게 어울리는지를 보기 위해 옷을 직접 입어볼 수 없었다. 대다수 쇼핑몰은 이 문제를 '사용자 리뷰'로 극복하지만 중국에서 갓 차린 쇼핑몰에 리뷰가 있을 리 없었다. 코센은 이러한 문제를 해결하기 위한 서비스를 새롭게 내놓았다. 이른바 '8그램'이다(중국인이 숫자 '8'을 좋아한다는 것을 고려한 작명이라는 점에서 코센의 중국 짬밥을 엿볼 수 있다).

일단 한국에서 수입할 경우 가격이 지나치게 오르는 문제를 해결하기 위해 중국에서 직접 물건을 생산하기로 했다. 그리고 지금까지 코센의 중국지사에 물건을 공급하던 한국 쇼핑몰들은 도면과 제품 컷만 제공하고 판매량에 따라 수익을 배분하기로 했다. 현지 생산 덕분에 가격은 절반 수준으로 떨어졌고 자체적으로 재고를 확보하게 돼 배송기간도 줄어들었다.

나아가 고객이 직접 물건을 확인할 수 있도록 상하이 푸동 동팡루에 오프라인 매장을 냈다. 고객에게 제품에 대한 신뢰를 주는 동시에 전시 효과를 누리기 위해서다. 동팡루에는 한국인이 많이 살았고 또 중산층이 넓게 포진해 있어서 고객을 안정적으로 확보하는 것은 물론 그들이 입소문을 내줄 거라는 기대감이 있었다.

결과는? 코센의 기대감을 사뿐히 지르밟는 실패였다. 문제점을 고쳤다고 생각했는데 뚜껑을 열어보니 총체적 난국이었다. 일단 중국 공장에서 생산한 옷은 품질이 좋지 않았다. 겉은 멀쩡했지만 입다 보면 해지기 일쑤였다. 그러니 입소문이 긍정적으로 퍼져 나갈 리 없었다. 여기에다 배송기간을 줄이기 위해 확보한 재고는 갈수록 쌓여만 갔다.

물론 원재료 구매와 품질 검수에 힘을 기울여 품질 문제는 어느 정도 해결했지만, 한 번 실추된 브랜드 이미지를 회복하기에는 역부족이었다. 결국 코센은 3년간 런칭한 네 개의 서비스에서 모두 실패했다.

애초에 익숙하지 않은 물류 서비스에 진출한 것 자체가 문제였을까, 아니면 중국 시장의 벽이 그만큼 높았던 것일까? 아마 둘 다였을 것이다. 허재영 지사장에게는 스트레스를 받는 나날이 이어졌다.

"누구라도 제 입장이었으면 당장 나가고 싶었을 거예요. 중국 생활을 오래해서 그런지 타사에서 스카우트 제안도 꽤 들어왔지요. 그리고 사실 그때 코센의 중국지사 생활에 많이 지쳐버린 상태였어요. 가족과 떨어져 홀로 생활하는 것도 심적으로 힘들었고, 또 S사에 오망고를 매각하면서 적자를 청산했을 때는 더 이상 회사에 빚을 졌다는 느낌도 없었고요. 그런데 사장님은 남의 속도 모르고 계속 더 해보자고 독려하더라고요. 어쨌든 제가 사장님께 고마운 건 그 긴 시간 동안 한 번도 제 탓을 한 적이 없다는 겁니다. 막상 회사를 그만두려 해도 제가 쇼핑몰을 운영할 때부터 알던 인연이라 쉽게 끊지 못하겠더라고요. 저도 저 나름대로 청춘을 바친 곳이라 중국 시장에서 코센 서비스를 꼭 성공시키겠다는 욕심도 있었고요."

그가 말하듯 그의 고통과 더불어 실패로 인한 적자는 계속 쌓여갔다. 그렇게 코센은 중국 사업에서 수익은커녕 오히려 돈만 까먹은 채 2007년을 맞이했다.

미국이 그렇게 만만해?

중국 진출로 손실을 보긴 했지만 전체적으로 보면 2003년부터

2007년까지 코센은 그야말로 승승장구였다. 메이크샵의 매출액과 영업이익은 계속해서 우상향 그래프를 그리고 있었다. 월급쟁이도 통장에 돈이 꽂히면 신나는데 이제 막 사업을 시작한 기업의 대표는 오죽하겠는가. IT산업이 발전하면서 서버비 등 고정비용은 줄어들고 매출액과 영업이익은 늘어났다. 더구나 코센은 전자상거래 시장을 독점하다시피 했다. 어떤 해는 전 직원의 연봉을 30퍼센트나 올려줄 정도로 회사는 급속도로 성장했다. 그리고 여성 e-비즈니스 사업 당시 혈투를 벌인 경쟁사 E사는 거의 흔적만 남아 있는 정도였다.

불어나는 매출액에 걸맞게 직원 수도 늘어났고 코센은 더 큰 사무실을 구해야 했다. 나중에는 회사가 커질 때마다 이사하는 게 귀찮아서 아예 가산동에 새로 설립된 IT단지, 우림 라이온스 밸리의 14층 일부를 매입했다. 한때 출근길 지하철 2호선 마냥 빡빡했던 사무실은 300평 공간으로 넓어지면서 오후의 신분당선처럼 여유로워졌다.

사무실 문을 열면 곧바로 멋진 카페테리아가 직원들을 맞이했다. 그곳에는 고급 커피 드립머신이 있고 유명 미술작가의 작품도 전시돼 있다. 웬만한 대기업에서도 보기 힘든 광경이다. 그러나 직원들이 부드러운 회의 분위기를 위해 회의실로 애용하던 카페테리아가 고성이 오가는 살육의 현장으로 변하는 데는 긴 시간이 걸리지 않았다. 2007년 미국 진출이 이슈로 대두됐기 때문이다.

김기록 대표는 말했다.
"일본은 안정됐으니 우리 이제 미국에 진출해야 하지 않을까?"

직원들은 말렸다.

"사장님, 저희 중국에서 죽 쑤고 있는 거 아시잖아요."

김기록 대표는 말했다.

"일본은 안정됐으니 우리 이제 미국에 진출해야 하지 않을까?"

직원들은 말렸다.

"사장님, 이번에 회사 건물 매입비로 돈 많이 썼잖아요."

김기록 대표는 말했다.

"일본은 안정됐으니 우리 이제 미국에 진출해야 하지 않을까?"

직원들은 말렸다.

"사장님, 지금 국내 신사업도 안정되지 않았어요."

김기록 대표는 말했다.

"일본은 안정됐으니 우리 이제 미국에 진출해야 하지 않을까?"

직원들은 말렸다.

"사장님!!! 저희 말도 좀 들어주세요."

김기록 대표는 말했다.

"자, 그러면 미국에 진출하기로 결정된 거다!"

그리고 아무도 대답하지 않았다. 말린다고 돌아설 김기록 대표가 아니란 것을 알기에.

코센의 미국 진출은 그렇게 시작됐다. 황당해 보이지만 정말로 그런 분위기였다.

직원들의 호응이나 사내 분위기는 중국 진출 때와 사뭇 달랐다.

중국에 진출할 때는 일본에서의 성공에 힘입어 성공할 수 있을 거라는 희망이 가득했다. 그러나 중국 진출에 실패한 까닭인지 직원들은 미국 진출에 회의적이었다. 국내에서 메이크샵이 잘되고 있는데 굳이 모험을 할 필요가 있느냐는 게 직원들의 생각이었다.

그처럼 부정적인 분위기 속에서 그 누구도 찬성하지 않고 오로지 김기록 대표 혼자 밀어붙이는 미국 진출이 시작됐다. 그래도 다행인 점은 일본과 중국에서 어느 정도 해외 진출 경험을 쌓았다는 것이었다. 일본은 세 번 도전해서 성공했고, 중국은 세 번 모두 물을 먹었다. 성패도 그렇지만 양국에서의 경험 중 공통점은 거의 없었다. 주력 사업 아이템은 물론 사업 파트너의 자세나 사업 전개 양상이 완전히 달랐다. 어쨌든 김기록 대표의 머릿속에 남아 있는 기억은 단 두 가지였다.

- 해외 진출은 참 힘들다.
- 기회를 잡으려면 일단 버텨야 한다.

김기록 대표는 중국 시장 진출을 실패라고 생각하지 않았다. 그는 일본과 마찬가지로 중국에서도 버티다 보면 언젠가 성공의 계기를 마련할 수 있을 거라고 봤다. 그런 그가 미국에 진출할 때 '어떻게 하면 버틸 수 있을까'를 최우선적으로 고민하는 것은 당연했다.

마침 그의 눈에 들어온 것은 부동산 임대업이었다.

2007년 대선에서 이명박 전 대통령은 정동영 후보에게 거의 2배에 달하는 득표율로 압승을 거뒀다. 민주당(정확히는 대통합민주당)이 그처럼 처참하게 몰락한 데는 여러 이유가 있겠지만, 집값 상승도 주요 원인 중 하나로 지목됐다. 당시 '강남불패', '부동산불패'라는 말이 전국을 휩쓸었고 극심한 투기 열풍이 일었다. 그리고 부동산 투자는 가장 안전한 투자인 동시에 높은 수익률을 보장받는 수단으로 여겨졌다. 김기록 대표를 비롯한 코센 직원들의 생각도 크게 다르지 않았다.

코센은 미국 진출의 안전빵 장치로 건물을 매입해 임대업을 해보려는 계획을 진행했다. 그러나 그 안전빵이 독이 든 빵이라는 사실이 밝혀지는 데는 그리 오랜 시간이 걸리지 않았다.

Fucking USA, 미국이 제일 싫었어요

2007년 말 코센은 LA에 있는 건물 두 개를 매입했다. 인근에 다운타운이 있어서 약 80억의 자금이 필요했다. 2007년 매출액이 100억 정도였던 코센은 현지에서 대출을 받아 부족한 자금을 충당하는 수밖에 없었다. 불필요한 과잉투자가 아니냐는 내부의 투덜거림도 있었지만, 그것은 부동산 임대수입으로 벌충이 가능하리라는 주장에 파묻혔다.

그런데 순진한 기대로 매입한 바다 건너의 건물은 리모델링에서부터 문제를 일으켰다. 한국에서 건물을 리모델링하는 것은 크게 어려운 일이 아니다. '빨리빨리' 문화에 익숙한 사람들이기에 수백 평 건

155

물도 한두 달이면 뚝딱 리모델링을 끝낼 수 있다.

하지만 미국은 완전히 달랐다. 미국의 건물 규제 기준에 익숙한 직원이 코센에는 없었고, 그러다 보니 건축 허가를 받는 데만 3개월을 허비했다. 여기에다 공사 중에 사고까지 발생하는 바람에 리모델링은 계속 늦춰졌다. 자산관리팀 이동훈 팀장은 당시의 상황을 이렇게 술회한다.

"엉망이었죠. 여기저기 줄을 대서 건물을 리모델링해줄 건설사를 소개받았어요. 인테리어를 잘하는 교포가 있다고 해서 소개를 받았는데 알고 보니 그도 그 업계에 발을 들인 지 얼마 안 된 초보였어요. 저도 인테리어 전공이 아니고 영어를 유창하게 하는 것도 아니라서 제대로 관리하기가 힘들었고요. 더군다나 사장님은 미국에서 설계도면을 보내면 메신저로 2센티미터만 옮기라는 등 디테일한 지시를 내렸어요. 웹페이지야 1픽셀 옮기라고 하면 좀 짜증이 나긴 하지만 어쨌든 금방 옮길 수 있어요. 한데 건물은 그렇지가 않잖아요?"

한 달을 예상한 인테리어 공사는 장장 6개월 만에 끝났다. 예상했던 공사비보다 훨씬 더 많은 비용이 들어 속이 상하는 판인데, 난데없이 그 공사비를 껌값으로 만들 만한 강적이 등장했다. 바로 '리먼 브러더스 사태'로 알려진 글로벌 금융위기다. 알다시피 금융위기는 부동산 가격 급락으로 이어졌다. 2007년에 건물을 구입해 상투권을 잡아버린 코센의 입장에서는 그야말로 눈앞에 지옥이 펼쳐진 셈이었다. 비싸게 매입한 건물의 가치는 하루가 멀다 하고 폭락했지만, 대출금 이자와 건물 유지비는 매달 나가야 했다. 여기에다 환율까지 올라 재정 부담을 더욱 가중시켰다.

미국에서의 재정난을 커버하는 유일한 방법은 돈을 버는 것뿐이었다. 애초의 계획대로라면 순조롭게 부동산 임대수익을 올리고 있었을 테지만, 리먼 브러더스 사태는 부동산 시장을 꽁꽁 얼려버렸다. 한 달에 대출이자만 수천만 원이 깨지는 상황에서 그 큰 건물 안에 달랑 코센 관리직원 두 명만 남아 있었다. 그나마 남녀라면 낭만이라도 지어내겠지만 남자 둘이 할 수 있는 건 그저 코센 본사와 연락하며 김기록 대표의 닦달을 고스란히 받아내는 것뿐이었다.

물론 이것저것 애는 쓰고 있었다. 처음으로 내놓은 서비스는 무료 홈페이지 구축 사업이었다. 미국에 직원이 없어도 한국에서 모든 작업을 수행할 수 있다는 이유로 시작된 서비스였다. 하지만 한국에서도 이미 한물간 서비스가 미국에서 먹힐 리 없었다. 또 홈페이지 구축 자체는 한국에서 가능하지만, 일을 가져올 영업조직이 전무했기에 그 사업은 시작부터 실패가 결정된 것이나 마찬가지였다.

곧바로 코센은 미국 시장을 겨냥한 메이크샵 영문 버전을 기획했다. 이는 무료 홈페이지 구축 사업과 달리 미국의 건물 활용까지 염두에 둔 사업이었다. 코센은 메이크샵을 미국 현지에 보급하는 동시에 이를 사용하는 현지 쇼핑몰 운영자를 대상으로 쇼핑몰 교육 사업을 진행하기로 했다. 또 미국 진출을 원하는 한국 내 쇼핑몰들을 위해 사무실 임대 서비스까지 계획했다.

이 통합적인 계획은 아주 훌륭했다. 어디까지나 종이 기획서 위에서만.

메이크샵이 국내에서 성공한 이유 중 하나는 창업부터 운영까지 컨설팅, 광고 등 모든 면을 관리해주는 '통합' 솔루션이기 때문이다. 단순히 쇼핑몰을 만들어 운영하기만 하는 메이크샵 영문판을 사용할 바보 같은 쇼핑몰은 없었다. 환경이 다소 유사하고 경쟁자가 없다시피 했던 일본 시장과 달리 미국엔 이미 시장을 독과점적으로 점유한 회사들이 있었다. 그런 상황에서 메이크샵과 손을 잡고자 한 마케팅사는 한 군데도 없었다. 결국 메이크샵 영문 버전은 제대로 출범하지도 못하고 좌절했다.

연이은 사업 실패는 적자만 쌓으며 1년을 허비하게 했다. 그 와중에 현지에서 돈을 벌어야 한다는 압박감은 커져만 갔다. 계속 묻지마 식으로 한국에서 돈을 보내면 외부감사를 통과하기 힘들었다. 본사에서 보내는 현금으로 버티는 재정 운영은 자칫 외화 밀반출이나 자산 빼돌리기로 보이기 십상이었다. 하긴 현금을 국내에서 보낼 수 있다고 해도 당시 환차익 손실이 커서 쉽게 보낼 수도 없었다. 들어오고 나가는 돈이 없다 보니 급기야 미국에서 페이퍼컴퍼니(실체 없이 서류상으로만 존재하는 회사) 취급을 받았고, 코센은 현지 은행에서 더는 돈을 빌릴 수 없는 진퇴양난에 빠지고 말았다.

모든 직원이 이제라도 미국 진출을 포기하고 철수하자고 했다. 누구에게나 지금이라도 손절매하는 게 최선의 방법으로 보였다. 하지만 김기록 대표는 물러서지 않았다. 왜일까?

① 코센에 쌓인 돈이 많아 좀 잃어도 괜찮다고 생각했다.

② 6개월 동안 공들여 만든 건물의 인테리어가 아주 멋있었다.

③ 심형래 감독의 영화 〈디워〉의 팬이라 항상 뉴욕의 건물을 보고 싶었다.

④ 미국에 건물을 하나 갖고 싶었다.

①~④번 모두 이유가 될 수 있겠지만 김기록 대표의 입을 통해 직접 얘기를 들어보자.

"남들은 나더러 똥고집이라고 했지만 다 생각이 있었어요. 먼저 비싼 돈을 들여 건물을 매입한 건 결과적으로 실수였어요. 그건 인정하죠. 그러나 여기서 물러난다면? 그거야말로 비합리적인 거지요. 경제위기라는 게 나만 힘든 것이 아니라 모두가 힘든 거잖아요. IMF 때도 그랬죠. 사람들이 힘들다고 주식 팔고 집을 팔았는데 그다음에 어떻게 됐어요? 모두가 무섭다고 내던질 때 쓸어 담은 사람들만 이득을 봤잖아요. 정말 안 되면 물러날 수도 있어요. 하지만 그건 경제위기가 걷힌 다음이어야죠."

김기록 대표가 어떻게 생각했든 주변을 설득하기는 힘들었다. 미국에서 발생하는 적자는 이미 본사까지 위협하고 있었다. 그리고 대규모 적자가 쌓이자 직원들은 미국 관련 업무를 부담스러워하며 피하려고 했다. 그런 상황에서 김기록 대표는 고래고래 소리를 지르며 활로를 찾으라고 윽박질렀으나, 또 다른 문제가 발생하고 말았다.

이번에는 미국이 아닌 국내에서였다.

159

밖에서 새는 바가지, 안에서도 새기 시작하다

미국 진출은 조금도 활로가 보이지 않았다. 다행히 당시 메이크샵은 그 적자를 처리할 정도의 수익을 내고 있었다.

2007년을 정리하는 간부회의에서 관리지원사업부 선임팀장 정현중 부장은(당시 재무팀장) "미국 시장만 아니면 코센의 수익구조는 안전하고 우량하다."라고 발표했다. 그 말이 끝나기가 무섭게 대노한 김기록 대표는 30분 동안 소리소리 지르며 화를 냈고 모든 직원은 키보드 소리조차 내지 못하고 조용히 마우스 휠만 돌렸다.

일반적인 시각에서 정현중 부장의 평가는 당연했다. 그 무렵, 2000년대 초반 같은 50퍼센트 성장은 없었으나 전자상거래가 계속 늘어나면서 매출과 영업이익은 큰 폭으로 늘고 있었다. 전자상거래 관련 각종 리포트는 그 추세가 꺾이지 않고 언젠가 오프라인 거래를 넘어설 것이라고 예측했다. 그런데 김기록 대표는 왜 그리 분노한 것일까?

당시 김기록 대표가 걱정한 리스크는 포트폴리오였다. 이익은 대부분 메이크샵에서 나왔고, 코센 산하 대다수의 군소 서비스는 메이크샵과 연동돼 있었다. 메이크샵이 흔들리면 회사 전체가 흔들리는 체제라는 점에서 위험이 잠재되어 있었다. 물론 메이크샵은 IT산업 중 리스크가 비교적 낮은 서비스이긴 했지만, 역으로 IT산업 자체가 내일을 예측하기 힘든 산업이기도 했다.

어쨌든 해외 진출에 연이어 실패하는 바람에 직원들이 심한 압박을 받고 있던 상황에서 김기록 대표가 계속 밀어붙이려고 하자 회사

분위기는 엉망이 되어버렸다. 당시 상황은 대략 아래와 같았다.

사원들	말 많고 활발하던 직원들은 괜히 말을 꺼냈다가 욕먹을까 싶어 실어증에 걸림.
중간관리자	위에서 한 소리 듣고 아래에 화풀이하고 싶지만 자신의 품위유지를 위해 그저 참음.
이사진	유언의 압박에 무언의 압박이 더해지며 소화불량 상태.
김기록 대표	열이 오를 때마다 화를 내다보니 목이 쉬어버림.

김기록 대표는 코센 창립 이후 최대 위기를 맞이했다고 강하게 주장했다. 물론 오버다. 창업 초기와 달리 중국과 미국 시장에 진출할 때는 회사가 망할 정도의 상황은 아니었다. 그냥 그간 열심히 벌어둔 돈을 날리는 수준이었다.

그런데 메이크샵의 핵심 지표 중 하나가 흔들리고 있었다. 메이크샵 사용자가 늘어나는 속도가 완화되고 있었던 것이다. 메이크샵은 쇼핑몰을 운영하는 사용자에게 매달 5만 5천 원의 사용료를 받았다. 전자상거래 시장의 폭발적인 성장이 있었지만 어느 순간부터 월 사용료 총액은 소폭 성장만 보일 뿐이었다. 메이크샵 사용자는 거의 늘지 않았고 심지어 점유율이 조금씩 떨어지고 있었다.

점유율이 줄어든 이유는 또다시 메이크샵에 위협을 줄 수 있는 경쟁사 C사가 등장했기 때문이다. 호스팅 서비스로 유명한 C사는 박리다매의 황제였다. 그들은 호스팅 시장에서 엄청나게 저렴한, 무려

500원 호스팅을 도입해 업계 최강자로 부상했다. 박리다매 식 경영정책으로 타 업체들을 물리친 그들이 쇼핑몰 솔루션에 똑같은 정책을 도입한 것이다.

C사의 진출에 대해 당시 콧대 높던 코센의 반응은 그저 코웃음뿐이었다. 그러나 '쿄쿄쿄……'라는 비웃음 섞인 코센의 자만은 C사의 시장 진입을 더욱 용이하게 만들어주었을 뿐이다. 그들은 신규 쇼핑몰 창업자를 고객으로 확보하면서 점점 코센의 점유율을 위협했다. 그때까지 코센은 쇼핑몰 솔루션 전쟁에서 승리했다고 생각하고 있었지만 이는 착각이었다. 메이크샵은 성공한 서비스일 뿐 결정적인 '경제적 해자(회사를 경쟁사들로부터 보호하는 독점적 경쟁력)'를 갖추지는 못했다.

많은 쇼핑몰이 메이크샵을 사용해 월 억대의 매출을 올리고 있었다. 이들은 신규 창업자에게 롤모델이 됐고, 더 많은 신규 창업자가 메이크샵을 사용하고자 했다. 이 때문에 코센은 메이크샵이 매우 견고한 브랜드 가치를 지닌다고 생각했다. 하지만 C사는 처음부터 작정하고 자본력으로 도전해왔다. 그들이 내민 카드는 호스팅 사업 때와 비슷한 저가정책이었다. 그들은 점유율을 충분히 높일 때까지 적자를 감수하고 고객을 끌어 모으겠다는 의도로 '사용료 무료' 정책을 내놓았다.

C사의 파격적인 조건은 기존 매출액이 높은 쇼핑몰들의 마음을 사 이전을 하게 만들었고, 그 영향으로 메이크샵을 사용하던 쇼핑몰들이 하나하나 C사의 솔루션으로 옮겨가기 시작했다. C사가 메이크샵의 고객을 빼가기 시작한 것이다. 몇 년간 독점적 지위를 누리고 있던 코센은 이에 제대로 대응하지 못했고 서서히 고객을 잃어갔다.

이처럼 코센은 안팎으로 지뢰밭 투성이였고 돌파구가 어디에 있는지 누구도 알지 못했다. 회사의 성장과 함께해오면서 자부심으로 가득하던 직원들은 어느새 필론의 돼지가 될 수밖에 없었다.

"필론이 한번은 배를 타고 여행을 했다. 배가 바다 한가운데서 큰 폭풍우를 만나자 사람들은 우왕좌왕, 배 안은 곧 수라장이 됐다. 울부짖는 사람, 기도하는 사람, 뗏목을 엮는 사람……. 필론은 현자賢者인 자기가 거기서 해야 할 일을 생각해보았다. 도무지 마땅한 것이 떠오르지 않았다. 그런데 배 선창에는 돼지 한 마리가 사람들의 소동에 아랑곳없이 편안하게 자고 있었다. 결국 필론이 할 수 있었던 것은 그 돼지의 흉내를 내는 것뿐이었다."

– 이문열, 〈필론의 돼지〉

이승환　　　망하셨네요…….

김기록　　　……

이승환　　　죄송합니다.

김기록　　　……

이승환　　　월급 올려달라는 말은 취소하겠습니다.

김기록　　　……

이승환　　　중국에서는 무려 3연패나 기록했군요. 3년간 적자를 보
　　　　　　다니 마음이 쓰렸을 것 같습니다.

김기록　　　중국은 지난 7년 동안 적자를 보다가 이제야 흑자로 전환
　　　　　　되었는데 뭘. 그 정도야…….

이승환　　　일본은 됐는데 중국에서는 왜 안 됐을까요?

김기록　　　일본에서 성공한 경험에 빠져 그 모델을 바로 중국에 적
　　　　　　용하려 한 게 실수였지. 결국 자만심이라고 봐. 그래도
　　　　　　선은 지켰어. 중국 직원이 많을 때도 5명이 넘지 않았어.
　　　　　　당시엔 중국의 인건비가 그리 비싼 시기도 아니라서, 미
　　　　　　래를 멀리 보면 감수할 만한 적자라고 생각했지.

이승환　　　미국도 마찬가지입니까?

김기록	더 심했어. 미국은 신중하게 진출한답시고 부동산 임대
	업을 생각했는데, 신중한 방향이 아니라 오히려 욕심이
	었어. 뭔가에 눈이 돌아간 건지.

이승환	여기는 막대한 손해를 안겼는데도 용케 철수하지 않았
	군요.

김기록	솔직히 나도 그때는 자신감이 많이 떨어졌어. 이렇게 스
	트레스를 받으며 계속할 필요가 있나 싶었지. 그래도 나
	까지 자신감 없는 모습을 보이면 아무도 따라오지 않으
	니까, 더 강하게 밀어붙였지. 일본이나 중국은 다 3년 이
	상 있었는데, 미국은 겨우 1년 좀 넘긴 때라 된다, 안 된
	다를 논할 상황은 아니었거든. 그보다는 뭐라도 해보는
	게 중요했지. 그러다 보면 활로가 나오는 거고.

이승환	포기하지 않아야 한다……, 이런 원칙입니까?

김기록	아니, 회사가 정말 망할 때가 되었다면 알아서 물러났지.
	차입금이 많다고는 해도 회사가 무너질 수준은 아니었거
	든. 그 정도 선은 지켰어. 회사 초기에 투자 조금 받았다
	고 신나서 광고하다가 다음에 예정된 투자가 취소돼서
	휘청한 적이 있었잖아. 그 이후로 항상 현금을 일정 정도
	남겨두고 경영을 해왔어.

이승환	그런 것치고 빚을 심하게 졌습니다. 80억이나 빚을 지고
	사다니.

김기록	실제로는 더 컸어. 서울 사무실 잡는 데도 빚을 들였으니

까. 근데 원래 건물 구입할 때는 빚으로 사는 게 더 유리해. 안정적인 기업에는 은행이 오히려 돈을 빌려주고 싶어서 낮은 금리로 해주니까.

이승환　그 안정적이기 위해 빌린 돈 때문에 회사가 망할 뻔했군요.

김기록　……

이승환　뼈아픈 해외 이야기는 여기까지 하고 국내 이야기 좀 해보죠. C사가 쫓아오기 시작한 상황에 대해 이야기 해주시기 바랍니다.

김기록　그냥 우리가 너무 자만하고 있었던 거지. 메이크샵 서비스의 20퍼센트 정도까지 컸을 때도 '무료 서비스니까 저 정도지, 그래봐야 무료니까 수입은 별로일거야' 이런 식으로 생각했어. 그런데 메이크샵도 사실 한순간에 확 컸거든. 마찬가지로 C사도 확 클 수 있었고 실제로 그렇게 되고 있었는데 신경을 안 쓴 거야. 메이크샵의 50퍼센트 수준까지 왔을 때야 겨우 비상이라고 생각했으니……

이승환　C사 사장이 밉다거나…… 뭐 그런 좋지 않은 감정이 생기셨겠네요.

김기록　아니, 지금 생각하면 오히려 잘 된거지.

이승환　변태입니까?

김기록　그게 아니라 경쟁자가 없으면 발전이 없다는 걸 알았으니까.

이승환　어떤 발전이 있었습니까?

김기록	어떤 서비스든 비슷하지만 사용하는 사람들은 비교대상이 없으면 불편한 줄을 몰라. 없을 때는 그냥 그런가 보다 하고 쓰지. 자동차가 나오기 전에는 말을 타고도 잘 다녔잖아. 자동차가 나왔어도 위가 덮인 차가 나오기 전에는 비가 와도 그냥 오픈카를 탔고.
이승환	요즘엔 오픈카가 더 비쌉니다.
김기록	말 끊지 말고 내 이야기나 들어.
이승환	네…….
김기록	쇼핑몰 솔루션도 똑같아. 메이크샵 서비스 초창기 때는 고객에게 연락이 오면 시간과 비용을 떠나 무조건 기능을 개편했어. 정말 '마음에 들 때까지'였지. 그런데 이게 어느 정도 자리를 잡으니까 매너리즘에 빠졌다고나 할까? 특히 2003년과 2004년에는 경쟁사 E사도 무너졌겠다, 일본 진출에도 성공했겠다 건방이 하늘을 찔렀지.
이승환	그러다가 C사가 치고 나오니까…….
김기록	꿈에서 깨어난 거지. 그전까지는 우리가 원조니까 어떤 위협이 오든 계속 이길 수 있을 거라고 생각했어. 한데 생각해보니 2000년대 초반에 잘나갔던 기업은 죄다 밀려났더라고. 포털만 해도 2000년 즈음부터 1위가 야후에서 다음으로, 다음에서 네이버로 바뀌었잖아. 야후는 아예 없어졌고. IT는 사실 1위 자리 한 번 잡으면 굉장히 유리해지는 업계지만, 반대로 순식간에 뒤집혀도 전혀 이상

하지 않은 업계이기도 해.

이승환 네이버는 참 오래 버티는군요.

김기록 국내 인터넷 생태계가 네이버로 통일됐기 때문이기도 하지만, 네이버가 계속 그 자리를 유지하는 데는 그만한 이유가 있다고 봐. 네이버에는 태생적으로 삼성 유전자가 있잖아. 삼성은 정말 독하고 질기고 빈틈없는 회사야. 사람들은 건성건성 생각하지만 삼성전자만 해도 휴대전화 시장을 다 먹었잖아. 1위했다고 해서 방심하지 않고 계속 사업을 키워가는 거, 그건 기업문화와 관련이 있지 않을까 싶어.

이승환 그런 유전자가 없어서 고생 많으셨겠습니다.

김기록 그나마 빨리 정신을 차려서 다행이었지.

이승환 갑자기 왜 자만에 빠진 겁니까?

김기록 당시에는 그걸 자신감이라고 생각했어. 일본 진출에 성공하고 나서 해외 시장에서 어떻게 해야 하는지 알았다고 '착각'한 거지. 메이크샵도 계속 순항하고 있었고.

이승환 자만 외에 또 다른 문제가 있었다면요?

김기록 변명 같지만 지금 돌아보면 운이 좀 없었어.

이승환 잘한 건 내 탓, 못한 건 남 탓이라는 이기심이 그대로 드러나는 발언이군요.

김기록 ……

이승환 각종 신사업 실패의 이유도 자만이라고 생각합니까?

김기록	아니, 그게 아니라…….
이승환	아니면 뭡니까?
김기록	망하는 게 당연한 거 아닌가?
이승환	당연히 망할 거면 사업을 왜 합니까?
김기록	원래 사업은 성공 가능성이 작고 그중에서도 IT는 훨씬 작아. 그러니까 확률적으로 망하는 게 합리적이지. 지당한 결과라고나 할까?
이승환	그러면 직원들을 왜 못살게 군건지 그 이유를…….
김기록	'망해야 한다'와 '망하면 어때'의 차이라고 할 수 있지. 망하는 거 상관없어. 망해도 좋으니까, 그 과정에서 직원들이 배우고 그게 회사의 경험으로 쌓이면 그만이지. 그런 생각으로 도전하면 부담감이 없어서 더 좋은 결과가 나올 수도 있고.
이승환	당시 사장님이 사내에서 고래고래 소리를 지르고 다녔다는 설이 있습니다.
김기록	아, 그건…….사실 열 받아서 소리를 지른 건 아냐.
이승환	열 받지도 않았는데 소리를 지르고 다닌거라면…….
김기록	그러니까 나는 독려하려고…….
이승환	변명이시라면 여기까지만 해두는 걸로 하고, 이제 회사가 풀리지 않을 때의 분위기 좀 들려주시죠.
김기록	그 시절에 벌인 신사업들에 대해 참 아쉬운 마음이 커. 미국에서 계속 적자가 쌓이는 와중에, C사의 도전에 맞서

기 위해 핵심 서비스 메이크샵에 투자를 해야 했지. 그래서 국내의 다른 신사업을 정리할 수밖에 없었어. 그게 아니었으면 살릴 수 있는 신사업도 있지 않았을까 싶은데……. 다 가정이니까 별 의미는 없는 것 같네.

이승환 만약 '사장님이 결혼했다면'이라고 생각하니 정말 가정은 별 의미가 없어 보이는군요.

김기록 ……

이승환 그럼 다음 이야기로…….

김기록 ……

소 뒷걸음질로 쥐잡기?
몰테일의 탄생

의자의 기적

LA는 사시사철 따뜻한 곳이다. 가장 추운 겨울에도 평균 기온이 15도 정도다. 하지만 코센의 LA 건물은 사시사철 추웠다. 일단 들어오는 돈 없이 나가는 돈만 많으니 마음이 추웠고, 큰 건물에 사람이 없으니 물리적으로도 추웠다.

코센 본사에서는 새로운 사업을 찾아내기 위해 전전긍긍했다. 직원들이 아무리 머리를 맞대도 아이디어는 나오지 않았다. 코센은 미국에서 1년간 돈을 버리며 한 가지만큼은 확실히 깨달았다. 미국에서는 일본과 같은 성공이 불가능하다는 것이었다. 일본에서의 성공은 기술에 기반을 둔 성공이었다. 일본과 일본인은 잘 몰라도 기술이 있었

171

기에 그걸 원하는 파트너를 만나 성공적인 결과물을 얻을 수 있었다. 하지만 미국에서는 코센의 기술로 성공할 수 없었고, 뒤늦게 현지를 이해하겠다고 나설 수도 없었다. 기술이라는 매력적인 요소가 없으니 현지 파트너를 만나기는 거의 불가능했다.

코센의 자산은 어디까지나 한국을 이해하는 인력 그리고 미국에 있는 건물뿐이었다. 그제야 코센은 미국에 있는 건물을 활용해 한국인을 대상으로 하는 사업을 구상하기 시작했다. 처음 일본에 진출했을 때 사무실이 없어서 고생했던 경험을 바탕으로 서비스를 기획한 것이다. 당시 코센은 사무실이 없어서 법인을 세울 수 없었다. 법인이 없으니 실체 없는 기업이라고 무시당했고, 그로 인해 파트너 기업을 만날 수도 없었다. 만약 일본에 주소지가 하나라도 있었다면 법인을 만드는 것이나 현지 파트너 기업을 만나는 일이 훨씬 수월했을 터다.

그렇게 해서 시작한 사서함 서비스가 몰테일이다. 몰테일에 가입한 고객은 미국 주소를 받을 수 있었다. 필요한 경우에는 주소와 함께 전화와 창고까지 제공했다. 코센은 몇 명의 콜센터 직원을 통해 한국 회사들이 별도의 해외지사를 내지 않아도 전화관리와 물류관리를 받을 수 있게 할 계획이었다.

그러나 그 서비스는 별다른 호응을 이끌어내지 못했다. 무료 홈페이지와 메이크샵 영어판의 실패에 이어 세 번째 서비스의 실패였다. 분명 어딘가에 수요가 있었을지도 모른다. 그렇지만 콜센터를 맡기기에 코센이 그다지 믿음이 가지 않았을 수도 있다. 사실 코센은 무역중개를 할 정도의 시스템을 갖추지 못했기 때문이다.

국내에 경쟁자가 생긴 마당에 중국에서 세 번 실패하고, 미국에서도 세 번 실패하자 김기록 대표도 스트레스를 이기기 힘들었다. 특히 일을 맡은 전 몰테일 팀장 이성노 부장은 타이레놀로도 그 스트레스와 두통을 이겨내기 힘들 정도였다. 김기록 대표는 회의 때마다 이성노 부장에게 열변을 토해 정신적 스트레스를 안겨주었고, 이성노 부장은 회의를 하다가 두 차례나 눈물을 뿌렸다고 한다. 김기록 대표는 이렇게 말한다.

"내가 왜 그렇게 직원들에게 뭐라고 했냐면, 뭐만 해보라고 하면 다 안 된다고 하니까. 물론 논리적으로 따지면 안 될 가능성이 더 크죠. 그렇지만 생각해봐요. 트위터를 기획서에 써서 이야기하면 누가 성공할 거라고 생각하겠어요? '140자로 메시지를 주고받는 서비스'라고 하면 비웃기밖에 더 하겠어요? 일단 움직이는 게 중요해요. 안 되면 또 바꿔 나갈 생각을 해야 하는데, 자꾸 논리적으로 따지고 드니까 스피드가 나올 리가 없잖아요."

반면 이성노 부장의 항변도 만만치 않다.

"사장님이랑 일해 보면 알아요. 지난 이야기를 하는 건 뭐하지만 사장님은 화를 재생산한다고나 할까. 사람들은 보통 화나는 일이 생겨 폭발하기 일보 직전이라면 무슨 사단이 날까 싶어 좀 참는 경향이 있잖아요? 그런데 사장님은 먹이를 찾아 산기슭을 헤매는 하이에나처럼 화낼 거리를 더 찾는 거죠. 군대에서 내무사열을 하면 흰 장갑 끼고 와서 억지로 먼지 낀 곳을 찾아내 기어코 기합을 주잖아요? 사장님이 좀 그런 스타일이에요. 안 당해보면 몰라요……. 요즘은 진짜 부처님 된 거예요. 그때는 정말…… 어휴…….”

둘 중 누구의 말이 진실인지는 알 수 없다(당시 함께 일한 코센의 직원들은 이성노 부장의 손을 들어주겠지만). 이제 한 사람은 미국지사 철수를 또 한 사람은 사표를 준비하려는 찰나, 이성노 부장에게 괴팍하게 생긴 의자가 택배로 도착했다.

김기록 대표   그거 뭐냐?

이성노 부장   의자요.

김기록 대표   무슨 의자가 내 의자보다 좋아 보이냐?

이성노 부장   월급도 얼마 안 되는데, 의자라도 좋은 거 써야지요.

김기록 대표   어디서 산 거야?

이성노 부장   미국에서요.

김기록 대표   뭐?

이성노 부장   미국에서 배송시킨 겁니다.

김기록 대표   미국에서 그게 바로 배송이 돼?

이성노 부장   안 되죠. 미국에 이런 거 부쳐주는 업체가 따로 있어요.
               제품가격에 수수료 얹고, 배송비를 보내면 자기가 받은
               다음 한국으로 부쳐줘요.

또 다른 사업기회가 열리는 순간이었다.

공항 면세점에 가지 않고 안전하게 해외 물건 사기!

　김기록 대표는 직원들에게 지시해 해외에서 물건을 들여오는 시장을 조사하게 했다. 찾아보니 그처럼 외국에서 물건을 들여오는 경우는 흔했다. 그것은 크게 세 가지 형태를 이루고 있었다.

　하나는 핸드캐리로 외국에서 직접 물건을 들고 오는 것이다.

　사람들은 종종 해외에 나가는 사람에게 면세점에서 가방이나 술, 담배를 사오라고 부탁한다. 때로는 모르는 사람이 약간의 돈을 줄 테니 자기 물건을 들고 항공기에 탑승해달라고 부탁하기도 한다. 이 방법의 문제는 많은 물건을 옮기지 못한다는 데 있다. 출입국 때 가져갈 수 있는 물품의 수량은 제한적이다. 따라서 핸드캐리를 통한 무역은 거의 불가능하다. 배를 탈 때는 약간의 꼼수를 부릴 수도 있지만 이는 가까운 일본 혹은 중국에서나 가능한 일이다.

　또 하나는 병행수입이다.

　이것은 공식 수입업자 이외의 제3업자가 정품을 수입해 한국에서 판매하는 방식으로, 독과점 방지를 위해 정부가 허락한 사업이다. 바이어가 해외에서 물건을 가져와 판매하는 형태로 이뤄지는 병행수입을 통해, 국내 소비자는 해외 상품을 작게는 10퍼센트에서 크게는 30퍼센트까지 저렴하게 구입할 수 있다. 그러나 병행수입에도 문제는 있다. 가령 전자제품 중에는 국제보증(World Warranty: 해외에서 산 제품에 문제가 발생할 경우 국내에서 일정기간 동안 A/S를 제공하는 것)이 되지 않는 제품이 많아 A/S가 쉽지 않고, 패션잡화는 짝퉁에 대한 불안을 떨쳐버리기 힘들다는 점이다.

마지막으로 구매대행과 배송대행이다.

이 둘은 유사하면서도 약간 차이가 있다. 구매대행은 물건을 선택한 후 구매대행 업체에 돈을 입금하면 구매에서 배송까지 모두 알아서 해주는 서비스를 말한다. 배송대행은 해외 사이트에서 주문한 후 주소지를 배송대행 업체 해외지사 주소로 하여 결제한 다음, 배송대행 업체에 배송비와 수수료를 보내면 한국으로 보내주는 방식이다.

이들 방식에도 문제는 있다. 양쪽 모두 배송 과정에서 파손 등의 사고가 생길 수 있고 당시엔 이에 대해 어떠한 보상도 기대할 수 없다는 점이다. 구매대행 업체와 배송대행 업체는 말이 해외지사지, 사실상 교포의 집이나 작은 사무실 수준에 불과했다. 따라서 이용자는 물건이 제대로 올지 걱정스러울 수밖에 없고 이 때문에 이들은 사업 규모를 키워 나가기 어렵다.

	장점	단점
핸드캐리	안전함. 원하는 물건을 구입할 수 있음.	탑승료가 비싸고 많은 물건을 가져올 수 없음.
병행수입	가격이 저렴함. 안전함.	A/S, 짝퉁의 위험성. 바이어가 선택한 물건만 구입할 수 있음.
구매대행	구매자는 돈만 내면 되므로 구매가 편리함.	배송 시 파손 우려. 카드 결제의 어려움. 배송대행보다 비싼 가격. 물품이 제대로 도착할지 불안감을 버릴 수 없음.
배송대행	가격이 저렴함. 원하는 물건을 구입할 수 있음. 짝퉁에 대한 불안감이 없음.	구매대행보다 복잡한 절차. 배송 시 파손 우려. 물품이 제대로 도착할지 불안감을 버릴 수 없음.

어떤 방법에든 문제는 있었다. 이때 김기록 대표는 그러한 문제를 해결하면 사업화가 가능할 것이라고 판단했다.

이 중 핸드캐리 방식은 애초에 사업화가 힘들었다. 그렇다면 핸드캐리의 장점을 흡수해 또 다른 사업모델을 창출하는 것은 어떨까? 이름하여 '면세점 캐리 수준의 쇼핑 경험'을 제공하는 것 말이다. 사람들이 해외에 나갈 때마다 핸드캐리를 이용하는 건 그만큼 안전하게 물건을 가져올 수 있다는 확신 때문이 아닌가.

병행수입의 약점은 짝퉁을 구매할 위험이 있고 상품 선택이 제한적이라는 것이다. 반면 구매대행과 배송대행은 이들 문제를 완전히 해결해주었다. 대신 배송대행은 배송 과정에서의 파손은 물론 주문한 물건이 정확히 오지 않을지도 모른다는 불안요인을 안고 있었다. 여기에다 도착한 물건이 마음에 들지 않을 때 반품할 수 없는 위험까지 더해져 삼중의 위험요소가 있었다.

결국 가장 안전해 보이는 쪽은 병행수입이었다. 물론 병행수입도 짝퉁의 위험성과 바이어가 선택한 물건만 구입할 수 있다는 한계를 안고 있었다. 그래도 병행수입은 이미 체계적으로 확립돼 기업형 수입을 올리고 있었다. 이 경우 수입할 물건을 잘 선택하면 안정적인 수익 창출이 가능해 보였지만 코센은 배송대행 쪽을 선택했다. 왜 그랬을까? 해외기획사업본부 최승식 이사의 얘기를 들어보자.

"당연히 병행수입이 더 안정적이죠. 그렇지만 여기에서 발생하는 문제는 해결하기가 불가능해 보였어요. 명품은 그 특성상 짝퉁의 의혹을 벗기 힘드니까. 또 그것을 여러 기업에서 이미 진행하고 있다는 것은 그만큼 클 기회가 별로 없다는 걸 의미하기도 했죠. 반면 배송대행은 문제투성이였어요. 어쩌면 그래서 기업화가 진행되지 않은 것인지도 모르는데, 이는 문제를 해결하기만 하면 새로운 시장을 창출할수 있다는 뜻이기도 하죠. 그래서 그쪽에 베팅한 겁니다."

그렇다면 구매대행을 선택하지 않은 이유는 무엇일까? 간단하다. 배송대행이 좀 더 싸게 제품을 제공할 수 있기도 했지만, 구매대행쪽에는 이미 10년 정도 경험을 쌓은 W사와 E사가 있었기 때문이다.

배송대행 서비스, 몰테일

배송대행 서비스를 선택한 코센 앞에는 '소비자가 불안감 없이해외에서 물건을 구매하게 하라'는 과제가 던져졌다. 김기록 대표는 이렇게 이야기한다.

"관점을 바꿔야 했어요. 이전까지 배송대행 시장은 '어떻게 구입하느냐'에 초점이 맞춰져 있었죠. 외국에서 물건을 들여오는 데만 중점을 둔 겁니다. 몰테일은 보다 근본적인 관점에서 이를 검토했습니다. '왜 구입하느냐'로 질문을 옮긴 거죠. 여기에는 여러 가지 이유가있어요. 물건이 싸서, 한국에 없는 멋진 물건을 구할 수 있어서 등. 마찬가지로 코센의 입장에서는 '왜 배송대행을 쓰지 않는가?'라는 질문을 던져야 했습니다. 그 답은 '불안하기 때문'이었고 우리는 이를 해소해주기 위해 최선을 다했죠."

기존의 배송대행 서비스에는 불편한 점이 많았다.

한국에서는 배송 중에 물품이 파손됐을 때 반품하는 것이 어렵지 않다. 그러나 미국에서 온 물건이 파손되거나 사이즈가 맞지 않으면 반품이 거의 불가능하다. 기존의 배송대행 서비스 이용자들은 그 리스크를 감수하면서 그저 물건이 무사히 오기만을 바라는 수밖에 없었다. 코센은 고객의 이러한 불안감을 간단하게 해결해주었다. 바로 파손 시 100퍼센트 비용을 보상하는 제도였다.

어차피 파손 확률은 그리 높지 않다. 단, 파손이 한 번 일어나면 피해가 크기에 일반 가정집에서 소일거리 삼아 운영하던 소규모 업체에서는 그 위험을 감당하기가 힘들었을 뿐이다. 반면 직원 100명 규모의 코센이 그 정도의 리스크를 감당하는 것은 어렵지 않았다.

그다음으로 해결할 문제는 혹시라도 돈을 떼먹고 배송하지 않을지도 모른다는 불안감을 해소하는 일이었다. 그러나 그 불안감을 해소할 방법은 의외로 단순했다. 바로 몰테일은 영세사업체가 아닌 규모 있는 기업이 운영한다는 사실을 강조하는 것이었다.

다른 업체의 조악한 홈페이지나 포털 서비스의 카페와 달리 디자인에 공을 들이고, 미국 몰테일 건물 사진을 보여주는 것만으로도 코센은 고객들의 걱정을 덜어줄 수 있었다.

결국 몰테일은 사서함 서비스에서 '배송대행 서비스'로 이름을 바꾸고 시동을 걸었다. 이제 남은 것은 파는 일뿐이었다. 늘 그래왔던 것처럼 코센은 고객의 목소리에 최대한 충실하게 임했다. 다행히 몰테일은 고객의 목소리를 듣기가 쉬웠다. 사람들이 귀국할 때 사오는 제품을 분석하면 그 개요를 파악할 수 있었기 때문이다. 분석 결과 여성은 고가의 가방과 화장품을, 남성은 시계와 술 혹은 담배를 구입하는 것으로 나타났다.

애초에 술과 담배는 무역규정상 함부로 수입할 수 없었다. 또 해외로 나가는 남녀 수에는 큰 차이가 없었지만, 여성이 선호하는 제품군의 매출이 확연히 눈에 띌 만큼 높았다. 그래서 코센은 처음에 명품 브랜드 위주의 홍보를 시작했다. 세계 유수의 브랜드 패션잡화를 몰테일 메인페이지에 내다 건 것이다. 또 패션업계에 몸담은 적 있는 직원들을 사이트 관리자로 배치해 주기적으로 홍보 제품을 교체했다. 더불어 다양한 패션 관련 사이트에 광고를 하면서 프로모션도 활발히 펼쳤다.

성과는? 별로였다.

명품을 찾는 고객은 많지 않았고 구매는 대개 다양한 품목에서 산발적으로 이뤄졌다. 명품 마케팅에는 제품의 개별 가격이 높아 거래액은 크지만 코센의 수익으로 이어지지 않는다는 한계가 있었다. 더구나 몰테일은 무게와 크기 단위로 배송비를 산정했기 때문에 명품을 마케팅의 전면에 내세우는 것은 코센에 도움이 되지 않았다.

접근 방법의 수정이 필요했다. 고객이 해외에서 물건을 사오는 이유는 국내보다 싸기 때문이지 한국에서 구할 수 없어서가 아니었다. 그리고 여성에게 명품 구매는 해외여행에 낀 패키지처럼 되어 있었다. 여기에다 해외여행이 잦은 시대였기에 굳이 한국에서 주문하도록 유인할 호소력이 약했던 것이다. 이는 남성이 구입하는 시계나 구두도 다르지 않았다.

아쉽게도 직원들의 대응까지 신속하지 못했다. 배송대행은 물류 서비스로, '물류物流'의 '물物'에서 알 수 있듯 당연히 물리적인 부분이 뒤따른다. 그간 코센은 소프트웨어를 주요 상품으로 삼았던 까닭에 이용자가 늘어나도 그에 비례해 사람을 늘릴 필요가 없었다. 반면 물류업은 물량이 늘어나면 처리설비와 인원을 확충해야 한다. 이를 감당할 인프라 확충은 쉬운 일이 아니었다. 실제로 처리할 물류가 2배, 3배 늘어나면 사람도 2명, 3명이 되어야 한다. 그런데 서비스의 미래가 극히 불투명한 상태라 사람을 뽑기도 힘들었고, 설령 뽑더라도 교육 등을 위한 시간이 필요했다.

고객 상담 역시 해결해야 할 문제였다. 고객 상담이야 간단하지 않느냐고? 그게 그렇지가 않다. 가령 '법'을 생각해보자. 갑자기 움츠러들 필요는 없다. 법이란 건 하루아침에 바뀌지 않지만 운이 뒤통수를 치려고 들면 더러 하루아침에 바뀌기도 한다. 어느 순간 수입이 허락되던 약품이 수입금지 종목으로 지정되면 난리가 난다. 그 상품을 폐기하고 고객에게 보상을 해줘야 하기 때문이다. 그때 고객센터 직원들이 고객을 설득하는 일은 거의 전쟁 수준이다. 특히 기존의 배송대행 서비스가 가내수공업 형태로 이뤄진 탓에 고객은 '당연히 된다'는 마인드가 굉장히 강하다. 한번 '벽'을 마주하고 대화를 해보라. 현 몰테일 팀장 박병일 과장은 당시의 상황을 떠올릴 때면 여전히 진저리를 친다.

"일이 잘되고 안 되고를 떠나 애초에 제가 맡을 업무가 아니었어요. 물류사업은 통관 지식 없이 손댈 게 아니거든요. 처음엔 정말 멘붕이었어요. 관세법이 뭔지, 통관이 뭔지, 선적이 뭔지 전혀 몰랐거든요. 회사에 가르쳐줄 사람도 없어서 매일 관세청 민원실과 고객센터에 전화하고 제휴사 담당자들에게 빌다시피 하면서 배워 나갔죠."

사랑해요, 애플

문제가 쌓여가는 만큼 적자도 누적되고 있었다. 심지어 아예 주문이 없는 날도 있었다. 그래도 김기록 대표는 앞선 시도와 달리 몰테일을 꽤 의미 있는 일로 여겼다. 무료 홈페이지나 메이크샵 영문판에 비해 문제점을 개선해 나갈 여지가 있었기 때문이다.

코센은 먼저 주력 상품군을 바꿨다.

지금까지 사람들이 '공항 면세점에서 많이 선택하던 물건'을 '한국에서 구하기 힘든 물건'으로 대체한 것이다. 한국에 정식으로 들어오지 않은 브랜드 중 해외에서 인기 있는 브랜드는 많았다. 코센은 아베크롬비, 베어파우 등 병행수입으로 들어오던 브랜드를 몰테일 메인페이지에 내걸었다.

그리고 광고보다 돈을 들이지 않고 입소문 효과를 낼 방법을 찾았는데, 그때 발견한 것이 '공동구매'였다. 배송대행은 바이어가 직접 양국을 오가야 하는 병행수입에 비해 평균가격이 20~30퍼센트 저렴했다. 가격 차이가 많이 나는 것은 50퍼센트 이상 저렴한 제품도 있었다. 코센은 이런 제품 위주로 공동구매를 펼쳐 나갔다. 임세종 미국 지사장의 얘기를 들어보자.

"처음에는 구매대행 쪽으로 밀자는 의견도 있었어요. 사용자 입장에서는 구매대행이 좀 더 편하게 주문할 수 있는 방법이거든요. 하지만 구매대행은 상대적으로 사업 규모를 키우기가 힘들었고, 배송대행보다 가격도 비쌌어요. 이러한 구매 패러다임을 바꾸자는 생각으로 공동구매를 기획했죠. 가격에 혹해 한 번 경험하면 달라질 수 있으니까. 해외 사이트에서 물건을 직접 주문하는 일은 처음엔 낯설고 어렵지만 일단 경험하면 달라질 것으로 판단했습니다."

그 효과는 금세 나타났다.

네이버, 다음 등 대형 포털의 카페와 질문 게시판에 '몰테일'의 등장 빈도가 급격히 늘기 시작했다. 큰 수익은커녕 아직은 적자였지만 희망은 충분히 보였다. 그러다가 마침내 가능성으로만 남아 있던 희망이 폭발하는 날이 찾아왔다.

2010년 1월 27일, 스티브 잡스는 말한다.

"이번에 우리가 최초로 공개할 것은……, 우리는 이렇게 부릅니다. iPad."

원래 감탄사를 좋아하기로 소문난 잡스지만 그날은 더욱더 Awesome, Great, Amazing, Unbelievable 등의 수사가 넘쳐났다. 아이패드의 등장에 국내의 많은 기크(Geek: 공학이나 기계에 강하게 심취하는 사람)들은 열광했다. 아이폰도 국내에 정식으로 출시되기 이전에 해외에서 구입한 사람이 있었지만 그리 많은 숫자는 아니었다.

그렇지만 아이패드는 달랐다. 아이폰으로 애플 제품을 경험해 이미 애플의 광팬이 된 얼리어답터들은 아이패드를 미국에서 즉시 구입하고자 했다. 아이패드는 미국에서도 품귀 현상이 심각했다. 몇 시간씩 줄을 서서 기다리는 것은 기본이고 한 사람당 한 매장에서 두 대의 아이패드만 구입할 수 있었다. 코센은 이 천재일우의 기회를 놓치지 않기 위해 총력전을 펼쳤다.

일단 미국에서 다수의 파트타이머를 고용해 최대한 많은 아이패드를 확보하기 위해 대비했다. 또 몰테일에는 평소에 쓰지 않던 팝업 광고창을 띄워 예약구매 광고까지 했다. 여기에다 해당 기간에 회원가입을 하면 추가 포인트를 증정하는 이벤트를 실시했다. 이 소식은 각 남성형 커뮤니티 사이에서 빠른 속도로 퍼져 나갔다.

드디어 아이패드가 출시되자마자 코센의 미국지사가 고용한 파트타이머들은 모든 매장을 돌아다니며 아이패드를 쓸어왔다. 그러나 그들이 하루 종일 돌아다녀봐야 스무 대의 아이패드를 구하는 게 한계였다. 더구나 자동차를 모느라 들어가는 비용도 있었기에 재정적으로는 손해였지만, 코센은 여기에 사활을 걸었다. 얼리어답터 층을 잘 공략하면 소문이 빠르게 퍼져 고객을 늘릴 수 있을 거라고 판단했기 때문이다.

그 판단은 적중했다.

아이패드 발매를 전후로 몰테일은 두 달간 5천 명의 가입자를 확보했고, 수백 명이 아이패드를 구입했다. 전에 없던 실적이었다. 워낙 열심히 뛰어다녀서 그런지 코센은 다른 국내 배송대행 업체가 구하지 못해 애를 먹던 아이패드를 배송지연 없이 빠르게 한국으로 보낼 수 있었다. 얼리어답터를 통해 몰테일의 네임밸류가 급등한 것은 물론이다.

몰테일의 경이적인 성장

그전까지 초상집 분위기이던 몰테일은 일약 코센의 슈퍼스타로 떠올랐다. 그리고 아이패드 대란을 계기로 몰테일의 주요 타깃은 30대 남성으로 바뀌었다. 더불어 메인페이지는 여성들이 좋아하는 패션잡화 중심에서 남성들이 좋아하는 IT기기와 시계, 구두 등으로 확 돌변했다.

하지만 이 시도는 별다른 인기를 끌지 못했다. 물론 기크들의 가입은 이어졌지만 그들이 관심을 보이는 건 오로지 전자제품일 뿐 패션잡화가 아니었다. 또 애플의 제품을 제외하면 인기상품이 그리 많지 않았다. 결국 몰테일은 아이패드를 통해 고객을 확충하고 손익분기점을 맞췄으나 그 이상 이익을 내는 데까지 이르지는 못했다.

그사이 코센은 홍보에 매진했다. 돈 드는 홍보가 아니라 몰테일 블로그와 카페를 통해 해외에서 값싸게 구매할 수 있는 물건을 좀 더 많은 사람에게 알리고자 애를 썼다. 그런데 그 카페를 통해 의외로 큰 소득이 있었다. 그것은 바로 몰테일 이용자들이 몰테일 카페를 통해 스스로 물건의 정보를 주고받기 시작한 것이다. 특히 서른 살 내외의 중산층 여성들이 제품과 세일 정보뿐 아니라 육아 및 생활에 대해 광범위하게 정보를 나눴다.

코센은 잽싸게 이것을 고객간담회로 연결했다. 주부들이 원하는 것은 단순했다. 자기 아이에게 최고의 제품을 사주는 것! 단, 그 제품이 적시에 안전하게 도착해야 했다. 박병일 몰테일 팀장은 이렇게 말한다.

"남성들도 시계와 구두를 사기는 해요. 세이코 시계를 사려면 백화점에서 40만 원 이상 하는데, 몰테일을 이용하면 10만 원 정도에 살 수 있으니까요. 하지만 남성의 소비력은 여성의 소비력에 미치지 못해요. 남성들이 뽐뿌 등에서 휴대전화 몇 천 원 더 싸게 사려고 노력할 때, 여성들은 다양한 선택권을 갖고 가장 만족스럽고 합리적인 소비를 하기 위해 노력하죠. 아이가 있는 주부들은 어떻겠어요? 돈을 더 쓰더라도 아이에게 최고의 제품과 서비스를 주기 위해 골몰하죠. 그렇게 합리적인 중산층 주부의 비율이 점점 높아지고 있어요. 지금은 20대에서 40대 여성들이 매출의 70퍼센트 가까이 차지할 정도입니다."

그 무렵 코센은 다시 한 번 몰테일 미국지사에 대형 투자를 감행했다. 배송 오류와 제품 훼손 문제를 최소화하기 위해 자동화를 도입한 것이다. 그 과정 중에 사람이 개입하는 부분은 안전을 중시하면서도 부피를 최소화하기 위한 정밀 포장 작업뿐이었다(부피가 작아야 배송비가 적게 나온다). 제품은 컨베이어 벨트를 통해 이동하고 3D 스캐너가 부피와 무게를 측정한다. 또 배송비는 5분 이내에 소비자에게 문자 메시지로 전해진다. 특히 고가 물품은 특별 관리대상으로 지정돼 나무 상자 포장 혹은 이중 포장으로 처리한다.

자동화가 도입되면서 몰테일의 안전성은 더 높아졌고 점유율은 압도적으로 상승했다. 그래도 코센은 자만하지 않았다. 흐름을 탔을 때 업계를 휘어잡지 않으면 금세 밀려날 수 있음을 경험으로 알고 있었기 때문이다. 오히려 코센은 세세한 부분까지 신경 쓰며 고객 만족을 위해 노력했다. 가령 반송 규정을 완화해 단순 변심에 따른 반송도 받아들였고 지속적인 구입을 이끌어내고자 포인트 적립도 강화했다.

다행히 주변 환경도 몰테일을 거들어주었다.

무엇보다 엄청나게 높아져 김기록 대표를 괴롭히던 환율이 정상을 회복했다. 또 FTA 덕분에 각종 세제혜택이 늘어났다. 그러는 동안 몰테일은 비약적으로 성장했다. 2010년 회원 3만 명, 매출액 20억에 불과하던 몰테일은 2013년 기준 회원 65만명, 매출액 250억을 돌파했다.

코센이 소비자에게 배운 것과 마찬가지로 소비자 역시 대중화된 몰테일, 대중화된 배송대행 서비스에 적응해 나갔다. 이제 많은 소비자가 국내 백화점을 물건을 구입하는 용도가 아닌 쇼루밍(showrooming: 오프라인 매장에서 제품을 확인하고 온라인에서 가격을 비교해 구매하는 것) 용도로 활용한다. 소비자들은 국내 백화점에서 옷을 입어본 후, 몰테일에서 더 싼 가격으로 해외직구(직접구매. 어느 순간부터 배송대행보다 훨씬 더 많이 쓰이고 있다)를 이용한다.

이제 몰테일의 매출은 메이크샵 못지않은 수준으로 높아졌다. 고된 여건으로 인해 모두가 꺼리던 몰테일은 현재 코센의 왕족 대접을 받고 있다. 다들 자기가 잘해서 성공했다고 할 만큼 직원들의 자부심

또한 굉장히 높다. 이에 대해 이성노 부장이 하는 말을 들어보자.

"사실 없던 시장을 창출한 셈이니 자부심은 당연하고 또 충분히 그럴 만하다고 생각해요. 아는 사람들만 쓰고 음지에 있던 서비스를 양지로 끌어낸 거잖아요. 우리가 패러다임을 바꾼 거죠. 쇼핑의 국경을 없앴으니까."

다시 중국으로!

다시 중국 시장으로 눈을 돌려보자.

미국 시장이 어느 정도 자리를 잡은 2011년, 중국에 진출한 지 7년이 되었지만 중국지사는 여전히 적자를 면치 못하고 있었다. 하긴 이쪽에서 일하는 직원들은 좀 억울할 법도 하다. 건물 하나 사는 데 수십억을 쓴 미국 시장과 달리, 중국 시장에는 구멍가게 같은 사무실 하나밖에 없었으니 말이다. 사실 코센이 중국 관련 사업을 하고 있다는 것을 모르는 직원이 있을 정도다. 가끔은 김기록 대표까지도 그 사실을 까먹는다고 하니…….

참고로 이 책을 쓰기 시작하던 2013년 코센의 중국지사는 최초로 손익분기점을 넘었다는 이유로 파티를 벌였다.

중국에서 수익을 내게 된 계기는 몰테일에 있다. 처음에는 메이크샵으로 도전했고 이후 교민 커뮤니티, 한국 물건 배송대행, 오프라인 샵 등 다양하게 도전을 했지만 하나같이 빛을 보지 못했다. 그러다가 미국 땅에서의 성공을 바탕으로 간신히 중국에서도 성공하게 된 것이다.

그렇다고 중국에서의 시련을 단순히 실패로 치부하거나 중국지사가 몰테일 때문에 성공했다고 보기는 어렵다. 오히려 그 반대로 볼 수도 있다.

미국 시장에서 성공을 안겨준 효자는 배송대행 서비스, 몰테일이다. 그런데 재미있게도 이전에 코센이 물류 쪽의 경험을 쌓도록 해준 곳은 중국이다. 두 나라는 환경적인 면에서 차이가 컸지만 코센은 중국 시장에서 경험을 쌓았고 그것은 그대로 몰테일로 녹아들었다.

사업부별로 보면 중국 시장은 실패작이다. 하지만 이를 미국과 연관지으면 얘기는 달라진다. 중국에서 수익을 내지 못한 것은 사실이지만 그 기나긴 경험은 코센의 DNA로 자리 잡았다.

코센은 전략적으로 움직이는 이른바 '각 잡힌' 기업이 아니고, 긴 호흡으로 장기투자를 할 정도로 여유가 있는 기업도 아니다. 다만 코센은 다양한 시도와 실패를 통해 경험을 쌓고 배워 나갔을 뿐이다. 메이크샵에서 몰테일에 이르는 15년 동안 그 방식은 코센에 성공 DNA를 심어주었다.

이승환	우와, 사장님. 돈 많이 벌었겠어요. 축하드려요.
김기록	……
이승환	그런 의미에서 저 월급 좀…….
김기록	일이나 잘하고 그런 소리 하라고…….
이승환	어찌됐든 반포기 상태로 시작한 서비스 몰테일이 흥했습니다. 왜일까요?
김기록	모르지…….
이승환	직원들이 아무도 손대기 싫어했다는 설이 있습니다.
김기록	그랬겠지. 맨땅에 박치기를 하라는데 누가 좋아했겠어. 그냥 하는 척만 한 거지. 그것 때문에 직원들한테 소리 지르고 난리 친거지. 다들 유사 서비스가 이미 있어서 안 된다고만 말하고…….
이승환	사장님은 정말 된다고 생각했습니까?
김기록	아니.
이승환	……
김기록	그래도 되는지 안 되는지는 해봐야 아는 거니까. 한국이 월드컵 4강에 갈 거라고 누가 생각이나 했었어?

이승환   아니, 된다고 생각해도 안 되는 게 사업인데 안 된다고 생각하면 더 안 될 것 같습니다만…….

김기록   어쩔 수 없는 사정이 있었어. 고정비로 적자가 팍팍 나는데 더 투자할 여력이 없었거든. 그러니까 어떻게든 한국과 연관지어 프로모션할 수 있는 모델을 찾은 거지. 운이 좋았다고 할 사람도 있겠지만, 그게 그렇지가 않아. 정말 많은 변화를 겪었잖아. 건물 임대에서 사서함으로, 사서함에서 배송대행으로, 그 안에서도 타깃 층을 계속해서 이동시켰지. 된다는 감이 온 건 아이패드 대란 이후야. 더 중요한 건 적자 폭을 꾸준히 줄여 나갔다는 거지. 아이패드 이후 주부들의 입소문을 타고 매출이 순식간에 올랐지. 그건 다…… 매미처럼 바닥에서 고생하며 오랫동안 내실을 다졌기에 그런 계기를 접하게 된 거야.

이승환   매미는 나와서 짝짓기하는데, 사장님은 결혼 안 하십니까?

김기록   ……

이승환   몰테일은 왜 성공했을까요?

김기록   우리가 오픈한 게 2008년 8월이야. 1989년에 해외여행 자유화가 시행됐는데, 30년 정도 경험이 축적되고 유학 경험자도 늘어나면서 잠재적 니즈가 크다고 생각했어. 최근 블랙 프라이데이 때 엄청나게 직구 매출이 올라가는 것도 다 이런 데서 기인한 것이지. 소득도 늘어나고 해외에서 물건을 직접 구입한다는 기술적, 문화적 장벽이

191

없어지는 시기가 열린 거야. 마침 아이패드나 환율이 다 맞아떨어진 거고.

이승환   꽤 논리적이네요.

김기록   말이 그렇다는 거지. 사실은 잘 모르겠어. 그냥 이래저래 때가 맞아떨어진 것 같아. 우리 직원들이 잘한 건 당연한 사실인데, 자기 확신에 빠지는 건 피해야겠더라고. 그렇게 되는 순간 엇나간 게 한둘이 아니라서.

이승환   이미 각종 구매대행이나 배송대행 업체들, 그러니까 유사 서비스가 있고 그 사업들이 별로 돈이 안 된다는 게 거슬리지 않았습니까?

김기록   아니, 신경 쓰지도 않았어. 일단 우리는 기존의 배송대행이 안고 있는 문제를 해결하자는 명확한 목표가 있었지. 사업 자체에 새롭게 접근한 거라고나 할까. 후발주자의 접근방식은 크게 두 가지야. 하나는 일부를 전문화해서 니치마켓을 노리고 들어가는 방법, 또 하나는 사업을 재정립하는 것. 에어비앤비가 그 예야. 민박 사이트잖아? 그런데 똑같은 사업모델인데도 '너 남는 방 공유해라' 이렇게 세련되게 포장한 거야. 몰테일도 그래. 기존의 배송대행이 도떼기시장 느낌이었다면 우린 '센스 있는 사람들은 안전하고 합리적인 해외직구를 선택한다' 뭐 이런 거지.

이승환   결국엔 고객에게 도움이 됐으니 성공한 거겠죠?

김기록   당연하지. 해외 브랜드 제품들의 가격 차이는 한국으로 수입하는 과정에서 수입업체 마진 등 유통비용이 발생하면서 생겨. 각종 유통업체 마진, 공급업체 마진, 여기에 A/S나 판촉비가 들어가면 수입원가보다 3배 이상인 경우도 흔해. 정식 수입 물건은 좀 덜한데 병행수입은 부르는 게 값인 경우도 많았어. 우린 소비자에게 그런 거품을 빼준 거고.

이승환   몰테일이 진출하기 전에는 배송대행보다 구매대행이 더 인기였던 것으로 알고 있습니다. 그들은 왜 몰테일에 밀렸을까요?

김기록   우리가 운이 좀 좋았지. 일단 대개가 소규모인데 그중 기업화를 꾀한 구매대행 업체는 구매대행 형식을 빌린 대량판매 모델이라……, 많은 수의 거래를 이뤄낼 수 없었지. 규모가 안 되니까. 결국 가격경쟁력에서 밀리고 또 사업이라는 게 '무엇을' 하는지보다 '누가' 하는지가 중요한 거라서.

이승환   사장님이 해서 잘됐다고 자랑하는 것처럼 들립니다만…….

김기록   누가 그렇대? 내가 했다기보다 직원들이 한 거지. 전설적인 벤처 창업자, 그러니까 브로드캐스트닷컴을 50억에 매각한 마크 큐반이 투자할 벤처 아이템을 모집한 적이 있어. 비슷한 아이디어가 아주 많았지. 그중 어느 팀은 뽑고 어느 팀은 뽑지 않은 거야. 왜 그랬냐고 물었더니 그는 '아이템이 아니라 사람에 투자한다'고 대답했지. 사업은 같은 아이템이라 해도 누가 하느냐에 따라 완전히 달라. 애초에 우리는 몰테일을 구멍가게가 아닌, 앞으로 키워 나갈 비즈니스로 봤으니 기존 사업자와는 다른 결과물이 나올 수밖에 없었지.

이승환   지금은 좀 만족하십니까?

김기록   아무도 성공할 거라고 생각하지 않았으니까. 그만큼 성공이 기쁘고 좋지. 몰테일이 해외 파트타이머까지 합해 직원이 200명 정도 되지만 여전히 부족해. 계속 개선시켜 나가야지.

이승환   스스로 만족하면 안 된다?

김기록   고객은 냉정하거든. 우리가 만족하는 순간 고객은 등을 돌려. 메이크샵이 성공에 취해 만족하고 있을 때 바로 C사가 치고 나왔잖아. 생각해보면 그땐 우리가 그릇이 작았어. 처음에 생각한 쇼핑 포털이 망하고 나서 메이크샵을 그저 쇼핑몰 솔루션으로만 생각한 거지.

이승환   메이크샵이 쇼핑몰 솔루션인 것은 맞죠. 밥이 음식이 맞 듯…….

김기록   아냐. 그걸 확장시킬 건 얼마든지 있어. 예를 들어 지금 메이크샵은 별도의 재고관리, 물류관리 시스템을 갖추고 있고 최근에는 바코드로 띡띡 찍어대는 포스POS, Point Of Sale

시장으로까지 확장했잖아. 몰테일은 잘되기 시작할 때부터 확장을 생각했어. 배송대행이 끝은 아니지. 몰테일은 처음에 배송대행하려고 만든 게 아니야. 사서함 서비스하자고 한 거잖아. 비록 그 사업은 실패했지만 그게 바탕이 되어 이런 아이디어가 나온 거지. 변화에 계속 적응하며 사업을 확장시킨 과정에서 나온 게 몰테일인 거고.

이승환 근데 처음부터 아이템을 몰테일로 잡았으면 그런 고생도 없었을 거라 생각하지 않나요?

김기록 음, 내가 늘 말하지. '실행이 곧 기획'이라고. 기획서는 사실 그대로 따르려고 만드는 게 아니라, 그냥 시장을 한번 둘러보려고 만드는 거고……. 시장에서 직접 사업을 하면서 몸으로 느끼는 게 진짜 시장조사야. 인터넷 사이트나 뒤지고 하면 그냥 뻔한 소리밖에 안 나와. 남들이 다 아는 거니까, 사업기회도 아니지.

이승환 앞으로 몰테일을 어떤 비즈니스로 확대할 생각입니까?

김기록 몰라.

이승환 ……

김기록 어쨌든 기존의 자원을 계속 가지 치듯 키워 나가는 것이 코센의 방침이야. 메이크샵에서 쇼핑몰 창업 지원 서비스, 디자인 서비스가 나온 것도 그런 맥락이고……. 지금 몰테일에도 해외공구 사이트 테일리스트가 생겼잖아. 따지고 보면 삼성도 그래. 전자제품의 주요 부문을 하나씩

늘렸지.

이승환   자꾸 삼성과 비교하지 마세요. 이건희 회장님이 화내십
　　　　니다.

김기록   ……

이승환   최근 대형 택배사들이 몰테일과 같은 영역에 도전하고
　　　　있습니다. 어떻게 생각하는지요?

김기록   좋은 일이지. 경쟁업체가 생기는 건 시장을 나눠먹는다
　　　　는 의미도 있지만, 경쟁을 통해 서비스가 더 좋아진다는
　　　　측면에서 소비자에게 좋고 이슈가 되기에 기존 사업자에
　　　　게도 좋을 수 있어.

이승환   너무 이상적인 얘기 같습니다.

김기록   그래, 좀 솔직해야지? 음, 위기감을 느끼고 있어.

이승환   이를 해결하기 위한 복안이 있다면?

김기록   어쨌든 선도자의 이익은 무시할 수 없어. 우리는 다른 회
　　　　사보다 빠르게 글로벌 물류망을 구축했잖아. 자전거 페
　　　　달을 밟기 시작하면 더 이상 늦출 수 없는 것처럼 지금 가진
　　　　우위를 활용해서 더 빠르게 밟는 수밖에. 그래서 발 빠르
　　　　게 역으로 한국 상품을 해외로 내보내는 모델도 구축하
　　　　고 있고, 독일지사도 세워서 전 세계를 연결하고 있어.
　　　　아무튼 시장을 쉽게 내줄 것 같지는 않아.

MakeShop®

003

코센의 미래

우리는 장난감을 만든다.
그 장난감 중 일부가 세상을 바꾼다.

– 나심 니콜라스 탈레브 –

IT 회사인가,
이벤트회사인가?

사원 마인드의 오너, 김기록 대표

한번은 코센에서 사내 부장급을 대상으로 교육을 실시했다. 분위기를 휘어잡으며 강연을 하던 강사가 이 말을 하자 부장들은 다 같이 한숨을 내쉬었다.

"사장들을 보면 여러 스타일이 있죠. 근데 사장이 실무까지 하나하나 다 챙기면 회사가 못 커요."

당연히 김기록 대표가 떠올라서다. 가령 그는 웹사이트 디자인을 바꿀 때 픽셀 단위까지 들여다보면서 마음에 들 때까지 고치라고 한다(디자이너 입장에서 이보다 더 진상은 없다).

넘치다 못해 이제 슬슬 피로감이 느껴지는 숱한 자기계발서를 보면 거의 빼놓지 않고 '주인의식'을 강조한다. 일명 오너 마인드다. 신입사원 때부터 오너 마인드로 일하면 언젠가 성공할 수밖에 없다는 얘기다. 그럼 오너는? 오너는 어떤 마인드로 일해야 할까?

다른 사람이야 어찌됐든 김기록 대표는 신입사원의 자세로 작은 일 하나하나에까지 신경 쓴다. 김기록 대표의 아명이 그걸 잘 보여준다. 구멍가게 리더, 시어머니 리더, 행보관 리더……. 그중 그의 모습을 가장 잘 표현하는 말은 '등대형 리더'다. 말 그대로 그는 하루에도 몇 번씩 회사의 여기저기를 돌아다닌다. 그게 그의 하루 일과다. 그는 왜 사장실에 틀어박혀 업무를 보지 않고 그렇게 회사를 돌아다닐까?

간단하다. 코센에는 사장실이 없기 때문이다. 책상도 일반 직원과 똑같은 것을 쓴다. 언뜻 외국 기업에서도 보기 드문 훈훈한 미덕으로 보이지만, 함께 일하는 직원들의 생각은 완전히 다르다. 그 선진적인 문화 앞에서 김기록 대표와 가까운 자리에 앉은 전략 시스템팀 유명균 과장은 그저 한탄한다.

"사장님이 고개를 45도만 오른쪽으로 돌리면 제 컴퓨터 모니터가 그대로 보여요. 아무리 직장이 일하는 곳이라지만 종종 페이스북에 악플도 달고, 네이트에서 강명호 칼럼도 읽어야 하잖아요. 또 뉴스를 보다 보면 아이돌 사진도 봐야 하고……. 근데 딴짓 한 번 할 때마다 눈치가 보여서 스트레스 받아 죽을 것 같아요. 여기로 이직한 지 6개월밖에 안 됐는데 벌써 머리가 얼마나 많이 빠졌는지 모르겠어요."

김기록 대표의 자리에서 가장 가까운 곳에 앉아 있는 이성노 부장도 비슷한 심정을 털어놓는다.

"사장님이 오가면서 자꾸 때려요. 심심하면 괜히 옆에 와서 시비 걸고 가요. 당신은 친하다고, 재미있다고 하는 건데 당하는 입장에선 대들지도 못하고……. 사장님이라 그냥 웃고 넘어가다 보니 정말로 재미있어 하는 줄 알고 계속 괴롭혀요. 그래도 전 다음 달에 독일로 전근을 가니까 다행이죠. 그저 내 자리를 이어받을 사람에게 명복을 빌 뿐입니다."

이참에 나도 한마디 껴보자. 유명한 미술작품을 보면 미술가가 자기 모습을 은근슬쩍 끼워 넣은 게 꽤 있지 않은가.

"이건 무슨 맹수가 동물원 우리를 벗어나 어슬렁어슬렁 돌아다니는 느낌이에요. 물론 우리는 모두 그 맹수가 우리를 물어뜯지는 않을 거라는 걸 알고 있죠. 하지만 상상해 봐요. 회사에서 일하는데 뒤에 맹수가 있다고. 정말 끔찍하죠. 아, 방울이라도 채우고 싶어요. 사장님이 여자라면 힐 소리라도 듣고 'alt+tab'으로 재빨리 화면 전환이라도 할 텐데……."

그렇다고 모두가 머리털이 허옇게 세는 중은 아니니 걱정 마시라. 대표가 회사를 쉴 새 없이 돌아다니며 지나친 관심(?)을 보이는 데는 다들 어느 정도 이골이 나 있다. 더러는 조용히 있을 때가 더 불편하기도 하다. 늘 하던 일을 하지 않으면 오히려 그게 더 신경 쓰이는 법이다.

사랑합니다, 고객님… 말고 직원님

코센은 언제나 고객 제일주의를 외친다. 실제로 코센을 만든 힘의 90퍼센트는 고객에게서 나왔다고 해도 과언이 아니다. 이를테면 메이크샵은 고객의 요구를 반영하느라 정신없이 일을 하다 보니 어느새 대형 서비스가 되어 있었다. 몰테일은 그 콘셉트부터 고객의 요구에 맞춰 변화한 사이트다.

다른 한편으로 코센은 고객 만족 못지않게 직원 만족에도 신경을 쓴다. 이는 코센의 핵심 정신으로 자리 잡고 있다. 예를 들면 직원들이 무료(?)해 하지 않도록 종종 이런저런 이벤트를 열고 가급적 잘 챙겨준다. 그렇게 직원 만족도를 높여 이것이 업무 성과로 이어지게끔 하기 위해서다. 물론 이는 김기록 대표의 희망사항에 불과할지도 모르지만 그 나름대로 신경 쓰려고 노력하는 건 분명하다. 그래서일까? 코센의 직원들에게 회사의 좋은 점을 물어보면 10명 중 9명은 "복지"라고 대답한다.

코센의 좋은 점 하나, 카페테리아. 코센에서는 회사에 들어서자마자 카페테리아가 눈에 들어온다. 그 카페테리아에는 직원들을 위한 고가의 드립머신이 갖춰져 있다. 냉장고에는 아예 젖소를 한 마리 들여놓은 것처럼 우유가 마냥 쌓여 있어서 원할 때는 언제든 라테를 만들 수 있다. 물론 각종 시럽도 구비돼 있다. 한때 카페를 운영했던 인력개발팀 정상목 과장은 말한다.

"이건 일반 카페에서도 보기 힘든 수준의 머신이에요. 무엇보다

코센 카페테리아 전경

회사에서 쓰는 커피의 질이 굉장히 좋아요. 커피는 내리는 사람의 섬세함도 중요하지만, 그것도 기본적으로 커피와 드립머신의 질이 받쳐줄 때 얘기거든요. 아침마다 사람들이 커피를 뽑아 먹으려고 몰릴 만해요. 대충 뽑아도 맛있게 나올 정도의 퀄리티는 되거든요."

카페테리아에는 언제나 잔잔한 음악이 흐른다. 캐나다 웨스턴 온타리오 대학의 루비 내들러 연구원에 따르면 사전에 즐거운 음악과 긍정적인 내용의 영상을 접한 사람들이 더 좋은 성과를 낸다고 한다. 코센의 직원들은 카페테리아와 사무실을 오가며 음악으로 조금씩 열을 식힐 수 있다. 이런 세심한 설계가 혹시 직원들의 사기에 영향을 미치지는 않을까?

코센의 좋은 점 둘, 복지카드. 코센은 직원들에게 월 10만 원씩

입금되는 매력 덩어리 복지카드를 발급한다. 복지카드 말고 그냥 연봉에 넣어주면 안 되겠느냐고 말하는 사람이 있을지도 모른다. 그게 그렇지가 않다. 이 카드는 직원들에게 보험 같은 역할을 한다. 특히 기혼자에게 이 복지카드는 신의 선물이다. 그 누구도 복지카드의 존재를 아내와 남편에게 말하지 않는다. 그저 조용히 쓸 뿐이다. 그야말로 직원들의 삶을 배려한 최고의 조치다. 심지어 연봉을 깎고 복지카드에 더 넣어주면 안 되겠느냐고 말하는 사람도 있다는 후문이다.

코센의 좋은 점 셋, 해외여행. 코센은 직원들에게 해외여행 기회를 제공한다. 입사 후 1년이 지나면 일본과 중국 중 한곳을 선택해 3박4일 일정으로 여행을 떠날 수 있다. 또 5년이 지나면 미국으로 5박6일간 여행을 보내준다. 여행 중에 발생하는 모든 경비는 회사에서 지급한다. 이 기간 동안 무엇을 하든 그건 자유다. 그저 함께 간 코센 직원들과 잘 지내다가 왔다는 보고서만 제출하면 된다.

코센의 좋은 점 넷, 보육 지원. 코센은 단순히 돈으로만 보육을 지원하는 게 아니라, 아이를 낳은 이후부터 소극적으로나마 탄력근무제를 실시한다. 아이를 어린이집에 보내는 주부들은 일반적인 출퇴근 시간이 맞지 않는 경우가 많다. 이런 직원에게는 최대 2시간까지 탄력근무제를 실시한다. 원할 경우 육아휴직도 1년을 준다. 새로운 사람을 뽑기보다 함께 일하던 직원을 행복하게 해주는 것이 성과 면에서 더 낫다고 생각하기 때문이다.

코센의 좋은 점 다섯, 아낌없는 도서 지원. 코센은 직원들이 원하는 책은 얼마든지 구입해준다. 그래도 책을 읽는 직원 수가 늘어나

다양한 종류의 도서가 구비되어 있는 코센 라이브러리

지 않자 좀 더 즐겁게 독서하는 문화를 조성하기 위해 일명 '북 헌팅 Book hunting'이라는 행사를 열기도 했다. 단체로 서점에 가서 원하는 책을 한 권씩 가져오는 행사다. 덕분에 직원들의 독서량이 늘었을 뿐 아니라 서로의 취향까지도 알 수 있었다. 하필 그게 라이트노벨, 밀리터리 서적 등이 들어오면서 직원 중에 오타쿠(만화, 애니 등 서브 컬처에 관심이 많은 사람을 일컬음)가 많다는 것을 증명한 것이긴 하지만… 하긴 프라모델조립식 장난감 동호회가 최대 동아리인 회사니 그럴 법도 하다. 아무튼 현재 사내 도서관에 꽂힌 책은 직원 수의 5배에 이른다. 그리고 매달 100권 가량의 책이 늘어나 이제는 도서관 확장을 고민해야 할 정도다.

코센의 좋은 점 여섯, 무無야근….이라 쓰려고 했으나 직원들의 반대로 편집됐다.

PHP스쿨의 인수

"사람이 먼저다. 사람이 미래다."

오해는 하지 마시길. 김기록 대표는 특정 성향의 정치인을 지지하지 않는다. 또 야구단을 거느린 모 기업과도 아무런 관계가 없다. 어쨌든 코센은 사람을 꽤 중요시한다. 고객 만족과 직원 만족을 그 경중을 따지지 않고 함께 추구하는 기업이 코센이다. 이를 잘 보여주는 사례가 국내 최대의 개발자 커뮤니티인 PHP스쿨의 인수다.

개발자를 떠올릴 때 〈아이언맨〉의 주인공 토니 스타크를 떠올린다면 개발자의 세계를 잘 모르는 사람일 것이다. 만약 치킨 가게를 떠올린다면 아마 당신은 개발자이거나 그들과 친하게 지내는 사람일 터다(이 말은 개발자는 나이 40이 되기 전에 퇴직해 치킨 가게를 차릴 운명이라는 자조 섞인 농담에서 나왔다. 심지어 서버를 고치지 못해 전전긍긍할 때, 개발자 출신의 경비원이 서버를 고쳐줬다는 도시전설도 있다).

사실 코센에서 개발자에 대한 대우가 타 직종보다 그리 낮은 건 아니다. 그러나 개발자는 자신이 하는 일에 대해 존중받지 못한다는 느낌 내지는 박탈감이 크다. 열심히 만들어놓고도 자신이 만들었다는 느낌을 받지 못하는 21세기의 장인이 바로 그들이다(하긴 이건 디자이너가 더하다). 계속 수정 요구를 받다 보면 고흐의 그림이 피카소의 그림으로 둔갑하는 마술을 이뤄내게 되니 말이다.

코센은 개발자를 존중한다. 그렇다고 월급을 더 준다는 얘기는 아니고 개발자가 하는 일에 기획자 등 타 직종이 함부로 관여하지 못하는 편이다. 회사 설립 초기에 개발팀의 기여가 상당했던 터라 이후 개발자를 존중하는 문화가 굳어가고 있다. 더구나 임성진 개발이사 스스로 "눈치주고 야근한다고 더 효율적인 건 아니"라며 야근을 권하지 않는다.

코센의 개발자 존중 문화를 가장 잘 보여주는 사건이 PHP스쿨 인수다. PHP스쿨은 국내 최대의 개발자 커뮤니티로 대단하게 매출을 올리는 사이트는 아니었다. 오히려 수익 하나 없이 계속 운영비만 갉아먹던 돈 먹는 사이트였다. 그대로 가다가는 곧 사라질지도 모를 정도로 암울한 사이트였는데, 왜 코센은 PHP스쿨을 인수했을까?

① 임성진 개발이사가 직함이라도 대표 하나 달고 싶어서.

② 뭔가 돈이 될 것 같아서.

③ 개발자의 DNA가 국내 최대 개발자 커뮤니티가 망하는 걸 용납할 수 없어서.

임성진 개발이사가 말하는 정답은 '③'이다. 그리고 현재 임성진 개발이사는 PHP스쿨의 공식 대표이사로 있다. 아무튼 임성진 개발이사의 이야기를 들어보자.

"코센에 오기 전에 난 병역특례를 했어요. 거기서 내가 개발해 마케팅까지 한 서비스가 대성공했는데 보너스 한 푼 못 받았죠. 사실 개발자들은 제 나름대로 자부심과 서비스에 대한 애정이 있는 사람들이거든요. 그래서 개발자들에게는 자기를 이해해 줄 수 있는 같은 개발자들이 모인 커뮤니티가 큰 힘이 돼요. 모르는 정보를 서로 알려주면서 같이 성장하기도 하고, 또 개발자로서의 삶을 나누기도 하고……. 그런데 그 소중한 개발자 커뮤니티가 사라질 지경이고 보니 그건 아니라는 생각이 들더라고요. 당장 사장님에게 인수하자고 이야기했죠."

하지만 김기록 대표는 인수 제의를 일언지하에 거절했다. 기획 쪽에서 개발자 문화를 이해하기란 보통 어려운 일이 아니다. 임성진

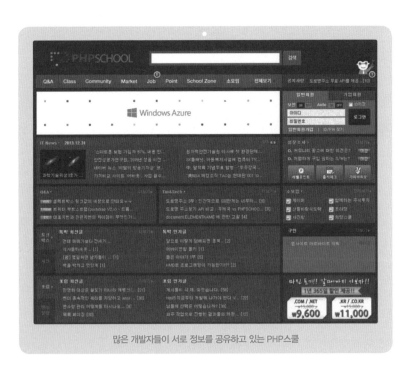

많은 개발자들이 서로 정보를 공유하고 있는 PHP스쿨

이사는 긴 시간을 들여 PHP스쿨의 가치에 대해 설명했으나, 김기록 대표는 마치 갑작스레 이민을 가게 된 어린아이처럼 전혀 이해하지 못했다.

그러다가 PHP스쿨 사이트를 한 번 들여다본 김기록 대표는 생각을 완전히 뒤집었다. 코드를 잘 짜지 못하겠다고 도움을 청하는 개발자들의 모습에서 그는 쇼핑몰을 처음 만들던 시절을 떠올렸던 것이다. 코딩 지식이 전혀 없어 웹호스팅 회사에 집요하게 전화해 주먹구구식으로 코딩하던 그때 얼마나 힘들고 서러웠던가.

PHP스쿨에서는 많은 개발자가 서로 정보를 공유하고 있었다. 특히 경력이 있는 개발자들이 초보 개발자의 질문에 세세하게 답변을 해주고 있었다. 다른 한편으로 그들은 개발자로서의 삶은 물론 다양한 친목 이야기도 나눴다. 그 문화는 김기록 대표에게 잔잔한 감동을 안겨줬고 결국 PHP스쿨은 코센의 품에 들어왔다(사람이 원래 나이가 들면 사소한 것에서도 감동을 잘 받는다). 그 사이트를 인수하기 전에 PHP스쿨을 이끌던 김준일 차장의 이야기다.

"전 PHP스쿨 창립 초기부터 쭉 거기에 있었어요. PHP스쿨 법인이 그 나름대로 개발력이 좋아서 꽤 선진적인 쇼핑몰 모델도 도입했었죠. 그러나 제대로 되지 않았고 결국 사이트를 매각하게 됐지요. 그때 정말 서러웠어요. 젊은 시절을 고스란히 바친 서비스인데 다른 회사로 넘어갔으니까요. 어느 정도로 PHP스쿨에 힘을 쏟았느냐면 혼자서 개발, 디자인, 운영까지 다 했어요. 밤을 새우는 것은 일도 아니었고 사무실의 접이식 침대가 아내 같은 존재였죠."

그리고 그의 목소리에 아픈 과거의 무게를 넘어 서서히 원한이 실리기 시작했다.

"서비스가 코센으로 넘어간 것만 해도 억울한데, 직원들이 하나둘 코센으로 이직하기 시작했어요. 퇴사는 당연한 일이었고요. 다들 PHP스쿨 하나를 보고 다닌 건데 그게 없어졌으니까. 하지만 5명 이상이 코센으로 넘어가니까 슬슬 화가 나더군요. 임성진 이사님은 나중에 스카우트 한 게 아니라 사람들이 이력서를 넣은 거라고 했지만 그래도 곱게 보일 수 없었죠. 마침내 저한테도 스카우트 제의가 들어왔지요. 회사가 망하기 전에는 절대 옮기지 않을 거라고 했어요. 그 정도 근성은 갖고 일했거든요."

그런데 정말로 회사가 망했다. 법인이 없어진 것은 아니었지만 어쨌든 김준일 차장은 더는 PHP스쿨에 몸담을 수 없었다. 코센은 바로 그에게 스카우트 제의를 했고, 그는 개발자의 근성과 5년간 함께한 서비스에 대한 애정을 담아 말도 안되는 카드를 던졌다.

"코센에서 돈 되는 일 말고 PHP스쿨 개편 작업을 하겠습니다."

놀랍게도 코센은 그 카드를 받아들였다. 그렇게 해서 김준일 차장은 코센의 PHP스쿨 팀장으로 입사했다.

"그제야 비로소 코센에 감사하게 됐어요. PHP스쿨 법인에서 여러 외부적 제약으로 할 수 없던 다양한 개편을 할 수 있었거든요. 디자인과 UI 개편은 물론 엄청나게 넣고 싶던 포인트 개념, 네이버 지식인 기능 등을 도입할 수 있었지요. 또 그간 커뮤니티가 좀 활성화 되지 못했었는데 이벤트를 통해 더 나은 게시판 활성화도 가능했고요. 관리자가 정기모임을 여는 것도 상대적으로 편했어요. 정말 몇 년간 못 이룬 꿈을 실현하면서 행복한 시간을 보냈죠.”

　　그 행복한 시간은 단 3개월 만에 끝났다. 사이트 개편이 일단락 되자 매출을 올리라는 특명이 떨어진 것이다. “들어올 때는 마음대로 지만 나갈 때는 아니란다.”라는 인터넷 명구처럼 어쨌든 회사에 들어온 이상 돈을 벌어야 했다. 이때 시작하게 된 것이 호스팅 사업 PHPS. kr이다. 또한 PHP스쿨에 배너광고와 유료 구인광고를 더했다.

　　결과는 성공적이었다. 물론 매출을 많이 내는 서비스는 아니지 만, 코센의 서비스 중 런칭하자마자 금방 성공한 서비스는 PHPS.kr뿐 이다. 어찌된 일일까? 이유는 단순하다. PHP스쿨이라는 커뮤니티에 대한 로열티가 있었기 때문이다. 여기에다 기존 메이크샵 사용 쇼핑몰 에 기술지원을 해주면서 빠르게 초기 사용자를 확보할 수 있었다(기분 이 좋아진 임성진 개발이사는 전 직원에게 피자를 돌렸다).

　　아무튼 임성진 이사와 김준일 차장은 개발자가 행복한 회사를 만들어가기 위해 지금도 땀깨나 흘리고 있다. 두 사람은 어딜 가든 “개 발자가 야근하지 않는 좋은 회사, 코센”을 자랑스럽게 이야기한다. 개 발자들은 뒤돌아서서 구시렁대지만 말이다. 그러나 개발자가 자기계 발을 원할 때 코센이 아낌없이 지원하고 또 야근이 적은 것은 사실이 다. 그럼 김준일 차장의 마무리 멘트를 들어보자.

　　“한 연구조사에 따르면 개발자의 능력 같은 경우 초반 2년은 경 력에 따라 올라간다 해요. 하지만 이후부터는 자기 노력에 달려 있죠. 개발자들 간의 능력 격차를 두고 ‘게을러서’라며 개인주의적 시각으로 보는 경우가 많은데, 사실을 말하자면 그보다 개발자들이 능력을 충분히 발휘하고 존중받을 환경이 갖춰져 있지 않기 때문이죠. PHP스쿨닷컴과 코센이 여기에 조금이라도 힘이 되었으면 좋겠다는 생각이에요."

참고로 PHP스쿨엔 개발자 커뮤니티답게 남자들이 우글거리기 때문에 여자가 오면 바로 여신이 될 수 있다. 오죽하면 사이트 하단에 '개인정보보호정책 및 담당'으로 되어 있는 하미향 씨도 여자 이름이라는 이유만으로 커뮤니티 사이트 내에서 여신으로 불린다. 참고로 그녀는 코센의 관리지원사업부 이사로 나이는 마흔이다.

코센의 이상한 채용문화

다음은 내가 코센에서 일하게 된 후 팀장과의 술자리에서 나눈 이야기다.

이승환	팀장님, 왜 저를 뽑으셨어요?
팀장	너? 웃겨서 뽑았어.
이승환	……

채용과 관련해 코센에는 생뚱맞은 이야기가 많이 회자된다. 가령 글로벌 마켓팀 박혜진 과장은 면접에 30분 지각했지만 합격했다. 이유는? 면접에 늦었음에도 불구하고 당당하게 내일까지 답을 달라는

패기가 마음에 들어서란다. 원스탑 창업팀 길선경 팀장은 경력을 묻는 질문에 전 직장 이야기는 일절 하지 않고 팬클럽 커뮤니티 회장 자리를 자랑스럽게 내세웠는데 합격했다. 이유인 즉슨 침까지 튀기며 클럽 운영 애기에 열을 올리는 그녀를 보며 어떤 일을 맡아도 한 건은 하겠다는 강한 인상을 받았다나 뭐라나. 심지어 글로벌 마켓팀 홍현수 주임은 이력서에 회사 이름을 경쟁사 이름으로 적어 냈는데도 합격했다. 경쟁사까지 공부한 것이 기특해서라는 게 그 이유다(꿈보다 해몽이라더니 이건 뭐……).

이처럼 코센의 채용방식은 아주 특이하다. 이런 이상한 채용방식이 통하는 이유는 뭘까?

단연코 월급이 쥐꼬리 수준도 아니고 햄스터 수염 정도라 인생을 포기한 사람들만 오기 때문은 아니다. 코센은 주절주절 남의 개인사를 캐는 것처럼 쓸데없는 짓은 제쳐두고 오로지 일을 잘할 수 있는가만 본다. 그중 가장 중시하는 부분이 '회사문화에 잘 적응할 수 있는가'이다. 코센은 임직원 300명 중 40대 직원이 겨우 10명에 불과한 젊은 회사다. 그러다 보니 자유분방하면서도 개념을 갖춘 직원을 선호한다.

직원 교육 역시 이런 측면에서 이뤄지고 있다. 코센의 신입사원은 빡빡한 교육을 받지 않는다. 그보다는 다른 직원들과 잘 어울리도록 하기 위해 다양한 제도를 마련해두고 있다. 신입입문교육은 2박3일간 워크숍에 참가해 즐겁게 놀고 '신입사원들끼리 친해지는 것'에 초점을 맞추고 있다.

신입입문교육을 만든 후, 코센의 신입사원 조기퇴직률은 눈에 띄게 내려갔다. 그리고 교육 당시 논다고 해서 마치 〈취화선〉을 찍는 것처럼 경치 좋은 곳에서 술 마시고 어깨춤을 추는 건 아니다. 대부분의 놀이는 '협력'을 전제로 한다. 예를 들어 '요리 콘테스트'나 '도미노'는 고도의 협동을 요구한다. 그 과정 속에서 신입사원들은 자연스럽게 서로 친분을 다지게 된다. 그래서 신입사원들끼리 별도로 MT를 가는 일도 빈번하다.

또 모든 신입사원에게 선배사원을 멘토로 지정해줘 좀 더 쉽게 회사생활에 적응하도록 돕는다. 이러한 제도는 이직률을 줄이고 직원 만족도를 높이며, 결과적으로 회사의 안정성을 높이는 큰 자산이 되고 있다. 물론 코센에도 별도의 교육 시스템이 존재한다. 이것은 고객이 운영하는 쇼핑몰 업체에서 일하게 하거나 전화응대를 받게 하는 등 고객의 입장에서 생각하도록 하는 실전 위주의 교육이다.

코센의 채용에서 독특한 또 다른 점은 스펙을 별로 중시하지 않는다는 것이다. 확인차 곽태현 인사팀장에게 물어보니 "거의 안 본다."라는 단호한 대답이 돌아왔다. 그렇다고 아주 무시하는 건 아니지만 그보다는 확실히 경력이나 업무에 대한 이해도를 먼저 본다.

코센은 스펙 대신 인성을 중시한다. 버진그룹 창업자 리처드 브랜슨은 "비즈니스에서 적절한 인재로 팀을 구성하는 것만큼 중요한 것은 없다. 우수한 인재를 채용하고 싶다면 기업문화에 맞는 인간성을 갖춘 사람을 찾는 게 중요하다. 기술은 가르쳐줄 수 있지만 인간성을 가르쳐서 바꾸기는 쉽지 않다."라고 말한 바 있다. 코센 역시 같은 생각으로 인재를 '채용'하기보다 '다듬기' 위해 노력하고 있다.

코센이 연공서열제를 준수하고 성과제도가 그리 냉정하지 않은 이유도 이러한 인사정책 때문이다. 괜스레 사람들끼리 서로 비교하고 불만을 갖는 분위기를 애초에 차단하는 셈이다. 잘되면 다 같이 애써서 잘된 것이니 함께 성과급을 받는 게 코센의 기본 문화다. 물론 특별히 높은 실적을 올린 경우에는 추가적으로 보상을 한다. 정상목 HR 파트장은 이렇게 말한다.

"코센의 인사제도는 사람을 자원으로 보지 않아요. 인간으로 보죠. 그래서 휴먼 리소스Human Resource가 아니라 휴먼 릴레이션십Human Relationship이라고 종종 이야기해요. 직원들이 회사 안에서 일하는 도구가 아니라 인간으로 대접받을 수 있도록 신경 쓰죠. 그렇게 하면 이직률이 낮아지니까 결국 회사에도 이익이에요. 회사가 인재人才를 잃는 것은 인재人災죠."

잘 먹어야 일할 맛도 난다

코센의 카페테리아에 고가의 드립머신이 있고 라테를 손쉽게 만들어 먹을 수 있다는 것은 앞에서 신나게 자랑을 했다. 그러니 패스!

아, 하나만 더 얘기하자. 카페테리아의 냉장고에는 언제나 각종 음료수와 과자가 가득 차 있다. 이것은 창업 초기부터 이어져온 문화다. 그렇다고 그리 부러워할 것은 없다. 여기에는 그리 아름답지 않은 전설이 얽혀 있으니 말이다. 사업 초창기 시절, 규모는 작아도 일은 엄청나게 많아 끝없이 야근이 이어졌다. 분초를 다투며 밤늦게까지 일할 때 야참을 챙겨먹기 가장 좋은 방법은 회사에 아예 음식을 저장해두는 것이다.

일을 하다 보면 회식을 하기에 어정쩡한 시간이 되기 일쑤였고, 저녁을 먹으러 나가기도 모호했던 적이 한두 번이 아니었다. 그러다 보니 회사 냉장고에는 늘 먹을 것이 잔뜩 쌓여 있었고, 직원들은 언젠가 마음껏 회식을 할 수 있는 회사가 되기를 바라며 그 어려운 시절을 이겨냈다. 그때는 남들이 즐겁게 회식을 할 때 편의점 음식을 사들고 와 먹는 경우가 많았다.

그런 서러움을 겪어서 그런지 김기록 대표는 최소한 먹는 것 하나는 제대로 먹으며 일하자는 마인드가 강했다. 재미있게도 코센은 직원 복지 차원에서 식당을 운영한다. 그것도 밥집이 아니라 술집이다. 점심에는 직원들이 먹고 싶은 음식을 선택하게 하고 술자리나 회식이 필요할 때는 저렴하게 즐기도록 하기 위해서다.

이 과정은 순탄치 않았다.

PC방에는 '게임'을 좋아하는 사람이 차고 넘치지만 게임을 만드는 사람은 게임 개발자다. 또 여자를 좋아한다고 모두가 에로영화를 만들 수 있는 것은 아니다. 마찬가지로 코센 사람들이 먹는 걸 좋아한다고 해서 식당 운영을 잘할 수 있는 것은 아니다. 처음에 식당은 코센의 재정에 여러 모로 악재로 작용했다. 식당을 내면 안 되는 자리에 식당을 냈다가 고스란히 2억을 날리기도 했고, 그다음으로 연 갈빗집은 코센의 15년 역사 최초로 도산하기도 했다.

그래도 코센은 꿋꿋이 식당을 새로 열었고 그걸 직접 운영하고 있다. 가산동 코센 본사 근처에 있는 일식집 '쿠로우사기'와 고깃집 '엉터리생고기'가 그것이다. 그러나 식당의 재정 상태가 좋지 않은 건 지금도 다를 바 없다. 심지어 고깃집은 직원 할인이 30퍼센트나 되기에 남는 게 없다(직원들은 할인을 받는 김에 본전을 뽑겠다고 악착같이 먹어댄다). 일식집에는 유명 프랜차이즈 조리장을 스카우트했는데, '식재료 사용에 돈을 아끼지 않는다'는 조건 아래 들어온지라 계속해서 적자가 누적되고 있다. 코센에 적자를 안겨주든 말든 고급 식재료를 사용하면서도 저렴한 일식을 제공하겠다는 풍운의 꿈은 여전히 진행 중이다.

직원들은 할인혜택을 받아 회식비를 아끼는 것은 물론 가끔은 회식비를 제로로 만들기도 한다. 여기에는 사연이 있다. 회사에 속한 가게인지라 김기록 대표는 회사 근처에서 술을 마실 때면 이곳을 자주 찾는다. 그러면 자리가 끝나갈 때쯤 직원들은 눈치껏 김기록 대표의 자리로 붙는다. 결국 그 회식비는 모두 김기록 대표의 몫이다. 내기 싫어도 명색이 사장인데 어찌 도망갈 수 있겠는가. 직원들의 이러한 즐거움이 이어지고 김기록 대표의 통장잔고가 0이 되지 않는 한 일식집은 당분간 계속 운영될 것 같다.

대기업도 쉽게 손대지 못하는 미술사업으로의 진출!

다시 위치를 코센의 카페테리아로 옮겨보자. 김기록 대표는 키

덜트다. 책상 위에 베이브릭 인형이 죽 놓여 있고, 카페테리아 역시 마찬가지다. 카페테리아에 놓인 컵에는 하나같이 코센의 귀여운 만화 캐릭터가 그려져 있고, 벽면도 세련된 색으로 도배되어 있다.

더 놀라운 건 카페 앞에 있는 미술품이다. 미술품은 주기적으로 교체되는데 대개는 그 자리에 젊고 감각 있는 팝 아트, 조형 미술물이 놓인다. 2014년 1월 현재 그곳에는 베어브릭이나 마리킴 팝 아티스트의 작품 등이 놓여 있다. 이들 작품은 카페를 더욱 돋보이게 한다.

회사에 이런 문화가 형성된 이유는 김기록 대표의 취미가 미술 감상이기 때문이다. 최근에 넥슨의 김정주 회장은 레고 조립사를 인수했다. 이를 두고 인터넷에서는 덕업일치(오타쿠 짓과 일을 함께하는 것)라는 찬사가 뒤따랐다. 더불어 역시 돈이 많아야 자기가 하고 싶은 일을 마음대로 할 수 있다는 이야기도 분분했다.

물론 김기록 대표의 재산이 김정주 회장급은 아니겠지만, 그래도 그는 자신의 취미를 업으로 누리고 있다. 코센이 미술사업에 진출한 것이다!

사실 미술에 투자하는 기업은 많다. 가장 많은 형태는 콜래보레이션(collaboration: 이종업종 간의 협업)이다. 대표적인 예로 LG의 디오스 광고를 보면 마티스와 고흐의 명화들이 등장한다. 삼성 에어컨은 앙드레 김의 디자인을 차용하기도 했다. 엔터테인먼트 업계는 두말할 것도 없다. 2NE1이 제레미 스캇이 디자인한 아디다스 슈즈를 통해 화제가 된 것은 그중 한 예다.

그런데 코센은 1회성 콜래보레이션으로 미술과 관계를 맺을 이유가 별로 없었다. 애초에 소비재를 생산하지도, 엔터테인먼트 사업을 하지도 않기 때문이다. 그렇다고 레지던시(작가들이 입주해 작업할 수 있는 공간과 환경을 제공하고 전시까지 이어지게 하는 프로그램)나 갤러리를 열어 미술계와 장기적으로 관계를 맺기엔 규모가 모호했다. 이런 것을 운영하는 기업은 삼성, 두산, 애경 등 대개는 어마어마한 대기업이다. 코센이 꽤 커졌다고는 하지만 이들 기업에 비하면 여전히 코딱지만 한 기업에 불과하다(물론 코딱지치고는 꽤 크지만;;;).

　　코센은 다소 무리를 해서라도 레지던시를 운영하고 있다. 이것은 그저 돈만 버는 기업이 아니라 문화적으로 사회에 환원하는 동시에 직원들에게 그런 배포 있는 기업에 다닌다는 자부심을 심어주기 위해서다. 또 미술계에 작게나마 의미 있는 변화를 이끌어내고자 하는 야

레지던시 사업이 이루어 지고 있는 파주 창의관

망도 있다. 코센의 레지던시를 담당하는 김동섭 과장은 말한다.

"제가 사장님과 함께하게 된 건 남의 도움을 받지 않고 미술계가 독립적으로 생존하는 데 기여하자는 뜻이 서로 맞았기 때문입니다. 한국은 일부 부유층 컬렉터가 미술 시장을 움직이고 있고, 미술품 수집에 맛을 들인 대중은 아직 흔치 않아요. 선진국처럼 좀 더 많은 대중이 미술에 관심을 갖고, 작은 미술품이라도 구입해 생활 속에서 미술을 즐겼으면 하거든요."

코센은 '비싼 그림'을 생산하기 위해서가 아니라, '젊은 예술가 후원'에 중점을 두고 이들을 발굴해 나가자는 뜻으로 레지던시를 연다. 그리고 그 레지던시는 다소 경직된 미술계의 방식이 아닌, 코센 특유의 즐거운 방식으로 이뤄진다. 가령 슈퍼스타K를 본떠 레지던시 입주 전에 열 팀의 서류를 검토해 통과되면 이들의 작품을 전시한다. 그리고 이른바 탑10 전시회에서 그들의 작품을 공개 전시한 후 네 팀을 선정해 레지던시 프로그램을 진행한다. 처음에는 왜 예술가를 공개적으로 경쟁시키느냐는 불만도 있었지만, 한 번이라도 더 주목받을 기회가 생기는데다 선정된 팀에게는 넉넉한 후원이 제공되자 지금은 평가가 좋은 편이다. 다시 한 번 김동섭 과장을 호출하자.

"레지던시 호응률이 꽤 높아요. 이제 이 프로그램의 경쟁률만 해도 50 대 1 정도니까요. 특히 매칭 프로그램이 큰 호응을 얻고 있어요. 평론가와 일대일로 1박2일 동안 함께할 시간을 주는 건데, 평론가가 외지까지 와서 1박2일간 같이 실사하고 작품과 개인사를 이야기하는 경우는 정말 드물거든요. 이 기회를 통해 작가와 평론가가 친해지고 또 자세하고 정확하게 작품과 작가를 소개하게 되지요. 즉, 미술계에 이름을 알릴 계기를 마련하게 되는 거죠. 물론 코센도 반사이익을 얻고요."

1기에서 선발된 최수진 씨는 이후 중앙미술대전에서 최고상을 받았다. 부부작가 '문'도 활발하게 활동하고 있다. 장석준 작가도 인지도가 높아져 최근 유학을 준비하고 있다. 더불어 코센에 대한 인지도 역시 높아졌다.

"초점은 일반 대중이 예술을 향유하게 하는 데 있어요. 미술품을 보면 예쁘고 멋지고 아름다우니까 갖고 싶잖아요. 외국 같은 경우 다양한 작가들의 인테리어, 소품, 프린트 액자 들을 판매해요. 자기가 좋아하는 작품을 걸 때는 느낌이 다르니까요. 그런데 고가라서 소유하지 못하고 보통 유명 작가의 복제작을 소장하죠. 일반인이 자신이 좋아하는 작가의 작품을 소유하게 하고 싶어요. 여기에는 예술가의 노력도 필요하지만 미술업계에서 뭔가 다양한 프로젝트를 마련해야 할 것 같아요. 그런 쪽에 조금이라도 기여하고 싶어요."

이승환   이 파트는 쓰느라고 정말 힘들었습니다.

김기록   잘했다. 이렇게 회사를 극찬해주다니…….

이승환   내친김에 구글만큼 복지 좀 챙겨주세요.

김기록   우리나라에 구글처럼 해주는 회사가 얼마나 된다고…….

이승환   제니퍼소프트는 회사에 수영장을 갖춰놓았답니다.

김기록   능력 있으면 거기 가.

이승환   ……

김기록   능력 더 좋으면 구글이나 애플 가든지.

이승환   제가 그럴 능력 있으면 여기 있겠습니까?

김기록   ……

이승환   아무튼 인사人事가 만사萬事라는 말은 만고불변의 진리인
         것 같습니다.

김기록   그래, 처음부터 끝까지 사람이 문제야. 예전에 우리가 한
         사무실에서 함께 일할 때는 누가 뭘 하는지 굳이 살펴보
         지 않아도 쉽게 알 수 있었거든. 근데 회사가 커질수록 그
         게 힘들어져.

이승환   그래서 경영서마다 CEO의 '권한위임'을 강조합니다만,

사장님은 대표적으로 권한위임을 못하는 리더로 손꼽힐 것 같습니다.

김기록   글쎄, 난 꼭 그렇게 생각하진 않아. 난 덕목이 '권한위임'에 앞서 '커뮤니케이션'이라고 생각하거든.

이승환   그 둘에 어떤 차이가 있다고 보는 것인지요?

김기록   권한위임은 일을 맡기고 보고받고 도장을 찍는다면, 커뮤니케이션은 무조건 믿고 맡기기보다 함께 이야기하면서 조율해 나가는 거지.

이승환   규모가 커지면 그게 불가능하니까 권한위임을 하라는 거 아닙니까?

김기록   아무래도 한계는 있지. 나도 주로 신사업 쪽에 집중하고 다른 부분은 크게 신경 쓰지 않으니까…….

이승환   그게 바로 권한위임입니다.

김기록   그런가?

이승환   ……

김기록   아니, 좀 차이는 있지. 일반적으로 회사가 어느 정도 규모가 되면 모든 걸 맡기고 최종 결정자로 남지만, 난 계속 일선에 개입하니까.

이승환   사장님의 개입이 직원들을 피곤하게 할 거라는 생각은 하지 않습니까?

김기록   당연히 피곤하게 하겠지.

이승환   그래도 내 회사니까, 내 마음대로 한다?

김기록	그게 아니라 내가 회사에서 가장 오래 일했고, 또 나만큼 회사를 잘 아는 사람이 없잖아. 다른 사람들은 죄다 자기 일에만 집중하고. 나는 사장이니까 이 일이 다른 일에 어떤 영향을 줄지 또 어떻게 다른 사업과 연관될 수 있는지 남들보다 좀 더 넓게 보게 돼. 사실 그 어떤 사업도 독자적으로 움직이는 경우는 드물어. 다 사내의 다른 서비스와 연관해서 유기적으로 돌아가지. 그런 걸 연결하거나 설명하는 게 내 역할이고. 그러니까 좀 다른 시각에서 말하자면…… .
이승환	말하자면?
김기록	'권한위임 vs 커뮤니케이션'이라기보다 'TOP vs HUB'에 가까운 것 같아.
이승환	글쎄요. 굳이 사장님을 거치면 커뮤니케이션 비용이 커지는 문제도 발생할 것 같습니다만. 사장님과 얼굴을 마주하는 게 어느 정도 직원들에게는 스트레스가 아닐까요…… .
김기록	그건 나도 마찬가지인데…… .
이승환	……
김기록	매번 내가 낄 수는 없어. 일반적인 실행 루트에서는 당연히 직원들끼리 알아서 하는 거고. 난 기획 단계와 중요한 단계에만 같이하고, 나머지는 그냥 종종 체크나 하는 정도지.

이승환   그런데 허브가 그리 좋지만은 않은 게 다들 사장님을 통하다 보니, 왠지 사장님이 정신줄 놓으면 회사가 줄줄이 망하는 구조일 것 같다는…….

김기록   그건 어디나 비슷해. 무슨 일을 하든 사장이 신경 쓰지 않으면 안 돼. 구조화가 잘된 대기업들도 오너가 바뀌면 흥망성쇠가 갈리잖아.

이승환   그처럼 피곤하게 일하면서 직원들과 멱살 잡고 싸운 적은 없었습니까?

김기록   멱살을 왜 잡아. 내가 싫어서 조용히 퇴직금 받고 나간 사람이야 많겠지.

이승환   사람이 급속도로 늘어나면서 피곤한 일이 많았을 텐데, 회사는 어떻게 변했습니까?

김기록   엄청 많았지. 특히 대기업에 있다가 우리 회사에 온 사람들은 처음에 적응을 못했어. 회사가 무슨 놀이터 같다고. 그러다 보니 뒷말도 많아져서 인사규정 제대로 세우고 좀 회사다운 회사로 바뀌었지.

이승환   인사규정이 성과급보다는 연공서열에 초점이 맞춰져 있는데…….

김기록   연공서열제가 정말 편해. 물론 완전 연공서열제는 아니고 연말마다 그 나름의 평가를 하기는 하지만.

이승환   그야말로 마이클 잭슨의 〈위아더월드〉로군요. 공산주의 국가 같은 아름다운 코센의 모습입니다. 그래도 좋은 인재는 역시 돈으로 잡아야 하지 않겠습니까?

김기록   뭐, 필요하면 그럴 때도 있기야 하지. 하지만 특별대우라

고 할 만한 수준은 거의 없어.

이승환   인사평가는 어떻게 시행하고 있는지요?

김기록   아, 난 인사평가가 정말 싫어. 솔직히 우린 어릴 때부터

성적표를 받는데 그거 받고 기분 좋았던 사람은 별로 없

을 거야. 성적표 보고 자극 받아서 공부를 더 열심히 하는

사람은 극히 일부잖아. 오히려 기운만 빠지지. 코센의 인

사평가가 세 차례 정도 바뀐 걸로 기억하는데…….. 문제

는 이렇게 해도 또 저렇게 해도 결과는 비슷하고, 딱히 바

뀌는 것도 없어서 맘 같아서는 없애버리고 싶어…….

이승환   그래서 어떻게 진행되고 있는지…….

김기록   뭐, 어떻게 하든 그건 중요치 않아. 질책하기보다 뭘 잘

하고, 뭘 못하니까 어떻게 했으면 좋겠다는 식으로 하고

있지. 이제 이사진에서 평가하는 건 없고 그냥 팀장급에

서 알아서 해. 위에서 평가해봐야 잘 알지도 못하면서 스

트레스만 더 주니까. 결정적으로 우리도 귀찮고.

이승환   인사제도에서 가장 중요시하는 게 있다면?

김기록   나가는 놈 잡으려 하지 말고 있을 때 잘하자.

이승환   왜 그런 생각을 하게 되었는지요?

김기록   사실 회사 일이라는 게 정말로 특출한 사람이 아니면 아

웃풋에 큰 차이가 없어. 중요한 건 회사가 얼마나 그 사람

이 편하게 일할 수 있는 환경을 제공해주느냐, 그리고 얼마나 긴 시간 동안 일하면서 회사에 녹아들고 회사를 이해하느냐 그 차이라고 생각해. 우리 회사가 무슨 대기업처럼 일류대학 위주로 뽑는 것도 아니니까.

이승환   편하게 일할 수 있는 회사, 자연스럽게 녹아들어 갈 수 있는 회사, 이런 회사를 만들기 위해 노력하는 점이 있습니까?

김기록   나는 뭐, 직접적으로는 회식비 셔틀 말고는 딱히 하는 일이 없어. 조직적으로 좀 다양한 사람들과 재미있게 어울릴 수 있도록 여러 계기를 마련하긴 하지. 1년 지나면 중국, 일본 보내주는 것도 그런 것 때문이고. 또 각종 이벤트도 다른 회사보다 많은 편이야. 요리대회, 체육대회……. 이게 귀찮기는 하지만 어쨌든 직원들끼리 사장욕이라도 하면서 서로 친해지는 계기가 되거든.

이승환   다음으로 식당 이야기를 해보죠. 식당을 하게 된 이유가 있는지…….

김기록   사실은 식당도 경영해보고 싶었어.

이승환   여기는 어엿한 법인이고 사장님의 개인 회사가 아닙니다.

김기록   아, 사실은 직원 복지를 위해서…….

이승환   ……

김기록   모든 일에는 중도가 중요하듯 그 중간 어디쯤 있다고 생각하면 돼.

이승환	많은 경영서가 '핵심 역량에 집중하라'고 말하지 않습니까? 그런데 요식업은 너무 본업과 떨어져 보이는 게 사실인데요.
김기록	음, 내 생각은 좀 달라. 핵심 역량에 집중하라는 건 결국 '고객 극대화', 즉 '고객 만족'이라고 봐. 난 그것 못지않게 중요한 것이 '직원 만족'이라고 생각하거든. 직원이 만족할 수 있으면 돈을 좀 잃더라도 도입하는 게 맞는다고 생각해.
이승환	직원들이 만족한다고 해도 수익이 나지 않고 오히려 마이너스인데 괜찮다는 말씀입니까?
김기록	그건 사원들이 잘 모르니까…….
이승환	이제 이 책 때문에 다 알게 되겠군요.
김기록	그렇게 따지면 기본적으로 사내 복지는 다 적자야. 그런데도 요즘 기업들이 복지에 열을 올리는 이유가 뭐겠어? 어쨌든 직원들이 싸고 맛있는 음식을 먹을 수 있다는 건 좋은 일이잖아.
이승환	적자 폭이 점점 커지고 있다던데, 식당을 처분할 생각은 없습니까?
김기록	음, 비용을 줄이며 일단 버티고는 있는데……. 어쨌든 직원들은 많이 찾잖아. 뭐, 정 안되면 접을 수도 있겠지만 우리 사업들이 그렇듯 버틸 때까지 버텨 봐야지.
이승환	그냥 패스하고 다음 질문으로 넘어가겠습니다. 미술사업

을 하고 있는데, 그건 왜 하는 겁니까?

김기록 회사가 이만큼 커졌으면 당연히 사회공헌을 해야 한다고 생각하지 않아? 그래서 봉사활동도 하고 기부도 하고 그러는데……. 이런 거는 그냥 생색내기용이고, 나랑 직원들이 뭔가 뿌듯함을 느낄 수가 없는 거야. 그래서 미술 사업에 뛰어들었지. 이왕이면 나도 재밌고 직원들도 즐거웠으면 하니까.

이승환 설마 사장님 혼자 재미있는 건 아니겠지요?

김기록 당연히 아니지. 일단 회사에 미술품을 전시하기만 해도 분위기가 많이 달라지잖아. 어떤 회사가 이렇게 미술품으로 인테리어를 하겠어. 아무래도 분위기도 밝고 젊어지고, 그리고 회사 사람들도 자부심을 갖게 되고…….

이승환 별로 자부심을 갖는 것 같지 않던데요…….

김기록 ……

이승환 어쨌든 파주 창의관에 대해서는 만족하고 있습니다. 가끔 MT 용도로 쓰기 좋고 커피도 공짜라고……. 그런데 정말 미술사업이 흑자가 날까요?

김기록 뭐, 나면 좋지. 여기서 수익이 나지 않는다고 관둘 생각은 없어. 회사가 커지면 그에 따라 이것저것 문화사업도 해야 한다고 생각해.

이승환 문화사업을 한다고 말씀하시기는 하지만 자기취향을 즐기는 것 같기도 합니다. 웹툰이나 캐릭터 전시도 하고…….

김기록   그게 다 대한민국 문화사업에 뒷받침이 되겠지.

이승환   또 넘어가겠습니다.

김기록   ……

코센의
미래

　　현재의 모습만 보면 탄탄대로를 걸어왔을 것 같지만 사실 코센은 실패의 명수다. 코센이 지금까지 벌인 사업은 모두 50 개가 넘는다. 그중 성공한 서비스는 메이크샵과 몰테일뿐이고 그밖에 살아남은 서비스도 메이크샵과 연계된 서비스가 대다수다. 넘어져도 주저앉지 않고 다시 일어서기만 하면 실패가 아니라는데, 그래도 넘어지면 아픔이 정말 크다. 그 상처를 다시 한 번 돌아보며 코센의 미래를 생각해보자.

2005년, 마켓몬

　　2005년, 코센에는 이런 전화가 많이 걸려왔다.

"거기 포켓몬이죠?"

"마켓몬인데요."

코센이 메이크샵을 통해 처음 만들고자 한 것은 쇼핑 포털이었다. 그 꿈은 코센이 메이크샵에 집중하면서 이뤄지지 않았고 그 시장의 승리자는 인터파크가 됐다. 하지만 전체 인터넷 쇼핑 시장의 승리자는 옥션이었다.

2000년대 초, 전자상거래 시장의 극심한 전투는 옥션의 천하통일로 끝났고 인터넷 쇼핑 거래는 대부분 옥션에서 이뤄졌다. 많은 회사가 오픈마켓 시장을 노리고 옥션에 도전했으나 번번이 무너지고 말았다. 새로운 경쟁자들이 옥션에 도전하는 패턴은 항상 같았다. 그들은 과거에 옥션이 성공한 방법인 낮은 수수료 전략으로 쇼핑몰들을 유치했다. 그런데 그들은 왜 실패했을까? 옥션 역시 낮은 수수료를 유지했기 때문이다. 옥션의 플랫폼 파워는 강력했다.

변화의 기회가 생긴 건 전자상거래 시장을 완전히 장악했다고 생각한 옥션이 수수료를 올리기 시작했을 무렵이다(여기에는 당시 횡행한 카드깡 문제를 해결하는 등 관리가 강화된 것도 한몫했다). 마침 네이버가 자체 운영하던 쇼핑몰 제로마켓을 접자 신규 경쟁자들은 더욱더 군침을 흘렸다. 경쟁자들은 즉각 움직이기 시작했다. 코센도 메이크샵이 성공적으로 정착하자 오픈마켓 시장에 진출했다. 그렇게 해서 탄생한 서비스가 마켓몬이다.

오픈마켓에서 성공하려면 두 가지 조건이 필수적이다. 하나는 수수료 인하고, 다른 하나는 보다 많은 쇼핑몰을 자사의 오픈마켓에 입점시키는 것이다. 수수료는 자체적으로 결정하면 그만이었기 때문에 오픈마켓 시장에 진출한 모든 기업에게 가능한 일이었다. 그런데 많은 쇼핑몰을 입점시키려면 단순히 수수료 인하 정도가 아니라 마케팅 비용이 필요했다. 코센은 아직 직원이 채 50명이 되지 않는 회사였고, 그 규모로 수십억을 투자하는 기업과 경쟁하는 데는 한계가 있었다.

이때 코센은 두 가지 전략을 내세웠다.

첫째, 메이크샵을 이용하는 쇼핑몰 운영자들이 메이크샵에 제품을 등록하면 자동으로 마켓몬에 등록되도록 하는 것이다. 이를 통해 쇼핑몰 운영자는 품을 들이지 않고 수익을 늘릴 수 있었고, 메이크샵은 힘들이지 않고 오픈마켓 입점 쇼핑몰을 확보할 수 있었다.

둘째, 가격비교 사이트와의 제휴를 통해 인지도를 높이는 것이다. 다른 오픈마켓이 TV, 지하철, 인터넷 광고로 인지도를 높일 때 먼저 가격비교 사이트에 노출시켜 내실을 기하겠다는 생각이었다.

이들 전략은 그리 성공적이지 않았다. 옥션이 보여줬듯 오픈마켓 시장은 승자가 다 먹는 승자독식 체제였다. 그런 상황에서 코센이 보잘것없는 자금력으로 승부를 다투는 것은 계란으로 바위를 치는 것이나 다름없었다. 특히 인터파크에서 출자한 G마켓은 어느 오픈마켓도 건드릴 수 없을 정도로 승승장구했다. G마켓은 쇼핑사업을 접은 검색포털 네이버를 집중 공략함으로써 트래픽을 얻어내 오픈마켓의 양분화에 성공했다.

코센은 계속해서 가격비교 사이트와의 제휴로 포지션을 늘리려 했지만 네이버와의 차이는 컸다. 마침 네이버가 한게임을 홍보하기 위해 초록색 대문자 'G'를 내민 것도 G마켓 브랜드 인지도 상승에 도움을 주었다.

매출이 거의 없다 보니 메이크샵을 사용하는 쇼핑몰 운영자들도 코센의 전략을 그리 달갑게 여기지 않았다. 반응이 거의 없는 오픈마켓에 입점해 봐야 브랜드 이미지만 떨어진다는 불만이 불거졌다. 마켓몬에서 발생하는 적자는 어떻게든 감당할 수 있었지만, 메이크샵 고객들의 불만은 그렇지가 않았다. 결국 코센은 마켓몬을 접었다. 7년 뒤 티몬이 성공하면서 '마켓몬'은 시대를 앞서간 네이밍이었다는 의미 없는 뿌듯함만 남긴 채.

그 이후에도 가끔 전화가 왔다.

"마켓몬인가요?"

"아닙니다."

이제 와서 마켓몬이든 포켓몬이든 피카추든 뭔 상관이랴.

2006년, 도매업 진출

코센 고객지원부에는 매일 엄청난 양의 전화가 걸려온다. 그중에는 좀 이해하기가 어려운 전화도 꽤 많다.

고객	안녕하세요?
코센	네, 안녕하세요?

고객	저는 ××쇼핑몰을 운영하고 있는데요. 죄송한데, 제가 몸이 아파 이번 주에 옷을 구하기가 힘든데……. 옷을 좀 구해다 줄 수 있나 해서요.
코센	네???
고객	그러니까 도매시장에서 옷을 좀…….
코센	죄송합니다, 고객님. 저희는 쇼핑몰 운영 관리를 도와주는 회사지, 사입을 하는 회사가 아니라서요.

황당한 전화다. 하지만 황당함이 몇 번 반복되면 그 나름대로 이유가 있을 거라고 생각하게 된다. 코센은 지방에서 활동하는 쇼핑몰 운영자들과 이야기를 나누다 그 어려움을 알게 되었다. 쇼핑몰로 성공하는 것은 오프라인 매장으로 성공하는 것보다 훨씬 더 어렵다(흔히 3년간의 생존율을 오프라인 매장은 15퍼센트, 온라인 쇼핑몰은 5퍼센트로 본다). 쇼핑몰은 초기자본이 적게 드는 까닭에 기본적으로 경쟁이 치열하기도 하지만, 더 큰 이유는 생각보다 쇼핑몰 운영에 '품'이 많이 들기 때문이다.

쇼핑몰 운영은 오프라인 상점이 없어서 관리가 쉬울 것처럼 보이지만, 상점이 없으면 그만큼 해야 할 일이 많다. 모델 섭외, 상품 촬영, 온라인 광고 등은 온라인 쇼핑몰에만 있는 일이다. 특히 쇼핑몰 운영자들을 힘들게 하는 것은 사입이다. 그들이 주로 찾는 동대문 도매 상가는 새벽에 문을 연다. 겨울 같은 경우 추운 날씨에 물건을 받기 위해 새벽시장에 나가는 것은 보통 일이 아니다.

지방에서 쇼핑몰을 운영하는 이들은 더욱더 고생이 많다. 새벽에 동대문 도매시장에 가려면 전날 서울에 올라와 밤을 새워야 하기 때문이다. 그런 다음 돌아가는 버스와 기차에서 잠을 자는데 이러한 구조 탓에 건강을 해치는 경우도 많다.

사입을 원하는 전화가 걸려오는 건 황당하기도 하지만, 이는 그만큼 힘든 상황에 놓인 사람이 많다는 것을 보여준다.

쇼핑몰 창업자가 초기에 겪는 어려움은 여기에서 그치지 않는다. 이들은 새벽시장에 나가도 물건을 구하기가 힘들다. 소규모 의류시장은 다음의 흐름으로 이뤄진다(본래 도매상과 공급사는 구분돼 있고 역할도 조금씩 다르지만 이해를 돕기 위해 구분하지 않는다).

공장에서 샘플 의류를 도매상에 돌린다.
▼
도매상은 소매상에게 주문을 받는다.
▼
일정 개수 이상 주문이 완료되면 도매상은 공장에 의뢰해 의류를 생산하게 한다.
▼
도매상은 공장에서 의류를 매입한 후 소매상에 도매가로 넘긴다.
▼
소매상은 개별 고객에게 물건을 판매한다.

문제는 도매상이 소규모 소매상에게는 물건을 넘기려 하지 않는다는 데 있다. 도매상은 리스크를 줄이기 위해 주로 A급 쇼핑몰과 거래하기를 원한다. 심지어 더 비싼 값을 쳐줘도 신생 쇼핑몰에는 넘기지 않으려 한다.

　　무엇보다 A급 쇼핑몰에는 여유자금이 많아 도매상과 협상할 수 있는 여지가 크다. 이를테면 50개를 주문해야 공장 생산이 가능한데 A급 쇼핑몰이 마흔 개만 주문하면, 도매상은 그 쇼핑몰에 열 개를 더 주문해달라고 말할 수 있다. 반면 신생 쇼핑몰은 그런 추가주문이 불가능하다.

　　신생 쇼핑몰의 경우에는 주문 규모가 작은 것도 문제다. 쇼핑몰에 들어가면 우리는 종종 '배송지연상품' 혹은 '며칠 후 순차적으로 배송됩니다'라는 안내문을 보기도 한다. 이 말은 공장에서 생산이 덜되었거나 상품이 소매상에 전달되지 않았음을 의미한다. 이때 도매상은 공장에서 물건이 나오면 적은 양이나마 즉시 쇼핑몰로 보낸다. 이 경우 오랫동안 거래해온 안정적인 거래처, 즉 A급 쇼핑몰에 상품을 우선적으로 전달하게 마련이다. 결국 신생 쇼핑몰은 뒤로 밀리고 배송지연에 화가 난 고객은 주문취소를 하는 경우가 많다.

　　이러한 일을 겪다 보면 막 쇼핑몰을 연 사업자는 상품을 올리는 데 부담을 느낀다. 그러면 소비자는 더욱더 신규 쇼핑몰 방문을 꺼리는 악순환이 반복된다.

　　소비자가 쇼핑몰 사이트에 접속하는 것은 제품을 구입하려는 목적도 있지만, 단순히 아이쇼핑을 하는 경우도 많다. 이때 다양한 상품이 구비돼 있지 않으면 아이쇼핑이 흥미롭지 않으므로 사람들은 좀 더 큰 쇼핑몰을 찾는다. 그러니 신생 쇼핑몰은 갈수록 태산이다.

그밖에도 소규모 쇼핑몰 운영자가 겪는 설움은 아주 많다.

대형 쇼핑몰에는 디자인과 촬영 전담 직원이 있어서 물건이 들어오는 즉시 제품 이미지 혹은 피팅모델 컷을 촬영해 올린다. 반면 작은 쇼핑몰에는 전문 인력이 없으므로 촬영에 긴 시간이 들어간다. 간신히 사진과 제품을 쇼핑몰 페이지에 올리면 제품은 이미 대형 쇼핑몰에 가 있는 경우가 허다하다.

큰 액수는 아니지만 대형 쇼핑몰보다 비싼 택배비도 부담을 준다. 대형 쇼핑몰은 건당 약 600원의 할인혜택을 받는데 이조차도 소규모 쇼핑몰 운영자에게는 아쉬운 부분이다.

이처럼 열악한 현실과 싸우느라 지쳐가는 신규 쇼핑몰 창업자를 위해 코센이 시작한 신사업이 메이크B2B다. 메이크B2B는 쇼핑몰 운영자가 새벽시장에 나가지 않고도 온라인을 통해 공장에서 직접 도매상품을 받을 수 있게 해주는 서비스다. 김기록 대표는 이 서비스에서 강한 '성공'의 냄새를 맡았다.

코센은 항상 고객의 불편함을 해소해주면서 성장해왔다. 쇼핑몰을 만드는 데 수백만 원이 들던 시절에는 메이크샵으로 저렴한 가격에 쇼핑몰을 만들 수 있게 했고, 어떻게 하면 쇼핑몰을 잘 운영할 수 있을지 감을 못 잡는 예비 창업자들에게는 교육 기회를 제공했다. 그럴 때마다 고객이 늘었고 코센의 매출액도 상승했다.

무엇보다 메이크B2B는 메이크샵의 데자뷰 같은 느낌을 줬다.

메이크샵이 소매시장을 그대로 온라인으로 옮겼다면, 메이크B2B는 도매시장을 온라인으로 옮긴 형태였다. 또 양쪽 다 '고객의 필요'를 확인하고 시작한 서비스였다. 고객의 필요를 읽고 시작한 메이크샵은 개선을 거쳐 점점 더 좋은 서비스로 발전했다. 메이크B2B 역시 같은 모습으로 성장해 나갈 것으로 여겨졌다. 온라인 도매상 역할을 하는 메이크B2B는 소규모 쇼핑몰 운영자가 느끼는 주요 문제점을 해결해줄 터였다.

문제점	해결책
'물건을 들여놓기가 너무 힘들어.'	도매시장에 가지 않아도 메이크B2B에서 구입이 가능하다.
'제품 이미지 컷을 찍는 것도 일이야.'	메이크B2B에서 다 제공한다.
'도매상에서 물건이 도착할 때면 이미 늦어.'	공장에서 물건을 바로 보내준다.
'규모가 작으니까 택배비가 비싸서 부담스러워.'	코센이 건물을 임대해 소규모 쇼핑몰들이 뭉치게 한 다음 규모의 경제를 실현하게 해준다.
'물건을 들여놓으려 해도 도매상이 팔지 않아 살 수가 없어.'	제품을 신청한 순으로 물건을 발송하도록 자동 시스템을 도입한다.

코센은 온라인 도매 사이트를 만들어 도매상과 소매상 사이의 연결고리 역할을 했다. 이때 도매상에서 제품은 물론 제품 이미지 컷과 모델 컷까지 제공받았다. 메이크B2B를 이용하는 소매상은 그 이미지를 1천 원에 구입함으로써 이전처럼 제품과 모델 사진을 찍는 데 쓰는 시간을 극적으로 단축할 수 있었다. 여기에다 자세한 제품 컷과 모델 컷을 통해 확인이 가능했기 때문에 군이 서울에 올라오지 않아도 되어 비용이 크게 줄어들었다(물론 옷은 직접 보고 사는 게 좋긴 하지만 장

사를 좀 하다 보면 이미지만 봐도 감이 온다고 한다). 또한 그들은 배송시간과 비용도 줄일 수 있었다.

한편 코센은 벤처스퀘어라는 창업 타운과 계약을 맺고 소규모 쇼핑몰 운영자들이 염가에 입주할 수 있게 했다. 그때 입주한 쇼핑몰 운영자들은 하나의 공간을 사용한 덕분에 대형 쇼핑몰과 마찬가지로 택배비를 대폭 할인받았다.

그뿐 아니라 '공장-도매상-소매상-고객'으로 이어지는 이전의 배송 시스템을 개선해, 공장에서 바로 물건이 나가게 했다. 대규모 쇼핑몰에 밀려 뒤늦게 물건을 받아야 했던 문제는 제품을 시스템적으로 발송해 공정성을 기했다.

그런데 그 좋은 뜻은 현실의 벽에 부딪치면서 꼬이기 시작했다. 메이크B2B의 이상은 훌륭했지만 그것은 공장과 도매상에 대한 직접적인 견제가 불가능한 유통망 서비스였다. 대형 쇼핑몰들은 시스템을 통해 제품을 신청한 순으로 보내도록 설계한 룰을 따르고 싶어 하지 않았다. 물론 소규모 신생 쇼핑몰들은 메이크B2B를 반겼지만 이쪽은 뭉치기가 힘들어 협상력을 발휘하기 힘들었다.

결국 공장과 도매상은 여전히 대형 쇼핑몰을 반겼다. 여기에다 2007년에 정점을 찍은 후 점점 가시화한 경기 위축이 쐐기를 박아버렸다. 당시 공장은 생산량을 줄이기 시작했는데, 심한 경우 생산량을 1천 개에서 300개로 줄이기도 했다. 점점 소규모 쇼핑몰은 배제되고 대형 쇼핑몰만 살아남는 현상이 가속화되었다.

코센이 이러한 흐름을 바꾸기엔 역부족이었다. 더구나 도매업 자체가 생각만큼 간단하지도 않았다. 메이크샵은 마진을 좀 덜 보더라도 완전히 중개적인 입장만 수행할 수 있었다. 메이크B2B도 이런 서비스를 지향했지만 현실은 달랐다. 메이크B2B에는 품질 검수, 샘플 제공 등 예상치 못한 일이 꽤 많았다. 결국 메이크B2B는 가능성만 남긴 채 서비스를 정리할 수밖에 없었다.

2007년, 동영상 시장 진출

2006년, 구글이 1조 6천억 원이라는 어마어마한 자금을 투입해 유튜브를 인수하면서 IT업계는 동영상에 대한 기대감으로 부풀었다. 이때 국산 동영상 서비스 판도라, 디오데오, 프리챌 등에 대한 관심이 높아졌고, 신규 동영상 서비스도 등장하기 시작했다. 이에 질세라 코센도 동영상 서비스 몰TB를 내놓았다(몰TB는 Mall Television Broadcast의 약자다. malltv.co.kr이라는 도메인이 선점되었기에 어쩔 수 없이 malltb.co.kr로 도메인을 돌렸다).

몰TB는 인터넷 홈쇼핑이라는 콘셉트에서 탄생했다. 김기록 대표는 이미지 컷으로만 이루어진 쇼핑몰 홍보가 향후 동영상을 통한 프리미엄 홍보 전략으로 발전할 것이라 생각했다. 따라서 쇼핑몰을 동영상으로 홍보한 콘텐츠를 잘 모으면 커다란 광고 플랫폼이자 쇼핑 플랫폼을 만들 수 있을 거라고 봤다. 사람들이 TV채널을 돌리다가 홈쇼핑 채널에서 시간을 보내듯, 몰TB에서 시간을 보내기를 기대한 것이다.

쇼핑몰 운영자들은 긍정적인 반응을 보였다. 자신들도 홈쇼핑처럼 제품을 제대로 설명하고 싶고, 글과 이미지를 벗어나 재미있고 세련된 동영상 광고를 만들고 싶다는 것이었다.

이 반응에 고무된 코센은 사내 개발팀을 몰TB에 대거 투입했다. 처음 도전하는 영역이었음에도 사내 개발 역량을 쥐어짠 만큼의 효과는 있었다. 무엇보다 몰TB는 국내에서 볼 수 없던 다양한 기능을 갖추고 있었다. 먼저 일본의 동영상 UCC 사이트 니코니코동화에서 사용한 것처럼 동영상 화면에 댓글이 뜨는 기능을 국내 최초로 도입했다. 또 익스플로러에서만 재생 가능한 WMV_{Windows Media Video} 포맷이 주였던 시장에서, 플래시를 사용해 어떤 브라우저든 볼 수 있게 했다. 여기에다 당시 보기 힘들던 HD 화질도 제공했고 소액 과금 결제 모델까지 도입했다.

코센은 사이트를 오픈하기에 앞서 몇몇 대형 쇼핑몰과 함께 테스트 동영상을 제작해 올렸고, 이에 대한 코센 내부와 쇼핑몰의 반응은 꽤 좋았다. 젊고 아름다운 여성들 위주로 구성된 쇼핑몰 동영상 광고가 홈쇼핑 채널에 비해 훨씬 더 화사하고 보기 좋았던 까닭이다. 또 광고를 보다가 제품이 나올 때 영상을 클릭하면 제품 페이지로 연결되는 기능은 구매전환율(클릭해서 제품 페이지로 이동한 후 실제 구매로 이어질 확률)을 높일 멋진 장치로 보였다.

그러나 막상 몰TB를 시장에 내놓자 반응이 싸늘했다.

몰TB를 성공시키려면 이해당사자 세 곳의 이해관계가 맞아떨어져야 했다. 먼저 홍보 동영상에 돈을 낼 쇼핑몰 운영자가 있어야 했고, 쇼핑몰 운영자가 원하는 가격에 동영상을 제작해줄 사업자도 필요했다. 또 동영상을 홍보할 수 있는 플랫폼이 있어야 했다. 이는 쇼핑몰 사이트 이외의 다른 곳에서도 쇼핑몰 홍보 동영상을 볼 수 있어야 한다는 말이다.

수요와 공급의 거리는 멀었다. 예비조사 단계에서 쇼핑몰 운영자들은 동영상 광고 의사가 있다고 했지만, 구체적인 비용을 들은 후에는 태도를 바꿨다. 동영상 광고 촬영에는 최소 1백만 원의 비용이 필요했기 때문이다. 월 1억 이상의 매출을 올리는 일부 쇼핑몰 외에 그 정도 광고비용을 부담할 수 있는 곳은 없었다.

그런데 높은 매출을 올리는 쇼핑몰도 동영상 광고에 대해 회의적이었다. 광고비뿐 아니라 촬영시간이 긴 것도 문제였기 때문이다. 매출이 높은 쇼핑몰의 피팅모델은 준연예인급으로 귀한 대접을 받는다. 쇼핑몰이 이들에게 요구하는 건 짧은 시간 안에 많은 옷을 홍보할 수 있도록 옷을 빨리 갈아입고 가급적 사진을 많이 찍는 것이었다. 그러니 옷 두세 벌을 홍보하기 위해 피팅모델에게 옷을 입혀 동영상을 찍는 건 낭비로 보일 만했다.

코센은 난감했다.

처음으로 사내 개발자들을 대거 투입해 서비스를 만들었지만, 아쉽게도 쇼핑몰 운영자들은 누구도 그 광고를 원치 않았다. 코센은 억지로라도 수요를 창출해보려고 애썼다. 일단 몇몇 쇼핑몰에 무료로 광고를 제작해주고 그 성과를 지켜보았다. 효과가 있으면 다른 쇼핑몰 운영자들도 몰TB에 관심을 보일 거라 생각했기 때문이다.

하지만 그 마지막 기대도 무참히 깨졌다. 결국 몰TB는 런칭 후 6

개월을 유지하지 못하고 문을 닫았다. 사람들은 몰TB에 관심을 보이지 않았다. 코센은 인터넷판 홈쇼핑 채널을 염두에 뒀지만 황금채널을 확보한 홈쇼핑 채널과 달리 몰TB는 관심을 끌 경로를 확보하지 못했다.

　　　김기록 대표는 긴 시간 동안 꾸준히 쇼핑몰 광고를 실으면 변화의 계기를 마련할 수 있을 거라고 말했다. 그러나 쇼핑몰 운영자들은 냉랭했고 코센에는 더 이상 비용을 지불할 여력이 없었다. 쇼핑몰 운영자들조차 무료 광고를 거부하는 상황에 이르자, 남은 선택은 철수뿐이었다.

2008년, 동영상 서비스 인수

　　　김기록 대표는 몰TB의 실패 원인을 플랫폼에서 찾았다. 유튜브까지는 아니더라도 아프리카TV, 엠군, 디오데오 같은 국내 동영상 플랫폼이 있었다면 그렇게 쉽게 무너지지는 않았을 거라고 본 것이다. 결국 그는 동영상 포털에 도전하기로 결정했다.

　　　김기록 대표는 방문자를 확보하는 데 걸리는 시간을 줄이고 빠르게 동영상 붐에 편승하기 위해 인수를 택했다. 코센이 10억에 가까운 돈을 지불하고 태그스토리를 인수한 건 그래서다. 왜 하필 태그스토리였냐고? 아이디어가 현실적이었기 때문이다. 대다수 동영상 플랫폼은 뚜렷한 수익모델이 없었다. 그저 이용자를 최대한 늘려 언젠가 수익을 창출할 수 있기를 기대하거나, 영상재생 전 광고로 약간의 수익을 올리고 있었을 따름이다(유튜브조차 2010년에야 흑자로 돌아섰다).

　반면 UCC 붐에 휩쓸리지 않은 태그스토리는 처음부터 저작권 해결이라는 수익모델로 접근했다. 언론사와 기업을 대상으로 수익을 올리고자 한 태그스토리는 신문사에 동영상 호스팅을 제공하고 이들에게 영상을 제공받는 동영상 뉴스 포털을 만들었다. 그리고 기업 쪽은 홍보 동영상을 만들어 언론사에 공급하는 형식으로 수익을 올렸다.

　비록 적자를 면치 못해 시장에 매물로 나오게 됐지만, 김기록 대표는 태그스토리를 마음에 들어 했다. 흑자는 아니어도 꾸준히 돈을 벌고 있었던 까닭이다. 벤처기업 태그스토리와 달리 코센에는 마케팅 능력이 있었고, 또 1~2년은 적자를 감당할 여유도 있었다. 2년 정도 적자를 감수하면서 언론사와 기업 쪽의 수입을 늘리고, 더불어 유튜브 같은 동영상 포털을 만들겠다는 것이 김기록 대표의 생각이었다.

　아쉽게도 그 계획은 완전히 어긋났다. 무엇보다 타이밍이 영 아니었다. 동영상 서비스가 아주 빠르게 유튜브로 천하통일이 되어버렸던 것이다. 제법 규모가 있는 동영상 서비스들도 문을 닫는 마당이라 유저를 거의 확보하지 못한 태그스토리가 낄 틈은 없었다. 그 와중에 언론사들도 이탈하기 시작했다. 언론사들은 이왕이면 더 많은 사람이 볼 수 있는 유튜브에 직접 업로드하거나 그냥 자체 플랫폼을 개발했다.

　물론 기업 동영상 홍보는 계속 진행했지만 이는 태그스토리 소속 직원의 인건비만 건지는 정도에 불과했다. 이미 동영상 서비스의 가치가 땅에 떨어졌기에 되팔 수도 없었다.

　결국 마지막까지 욕심을 부린 동영상 포털 태그스토리 개편은 아무런 성과도 거두지 못했다. 10억 가까운 돈을 들여 인수한 태그스토리는 그렇게 회사 내의 애물단지로 전락하고 말았다.

언제나 도전 중

김기록 대표는 그런 실패에 대해 별로 신경 쓰지 않는다. 오히려 사업에서는 실패가 당연하고 어쩌다 운이 좋으면 성공한다는 게 김기록 대표의 생각이다. 그는 메이크샵과 몰테일의 성공도 운이 좋았을 뿐이라 생각한다. 무엇이 성공할지는 아무도 알 수 없고 그저 계속해서 시도해보는 게 중요하다는 거다. 그러다 보면 그 안에서 자연스럽게 성공하는 아이템을 건져 올릴 수 있다는 것이 그의 지론이다.

대표의 이러한 철학을 보여주듯 코센의 구조는 일을 벌이기에 아주 적합하다. 코센은 크게 다음의 네 개 조직으로 구성돼 있다.

코센의 조직도	역할
기획해외사업본부	사업 기획, 운영을 한다.
마케팅사업본부	마케팅, 광고, 영업을 한다.
개발사업본부	웹 서비스 코딩, 보수를 한다.
관리지원사업본부	각종 회계, 법리 문제를 해결한다.

코센 정도의 규모면 보통 '사업'별로 팀을 나누지만, 코센은 '직무'별로 일이 나뉘어져 있다. 예를 들어 전자제품 회사는 휴대폰 사업

부, 넷북 사업부, TV 사업부 등으로 사업부를 나눈 다음 그 안에서 팀을 나눈다. 그러나 코센은 먼저 기획, 마케팅, 개발, 관리로 나눈 후 이들이 몇 명씩 모여 한 팀을 이루는 형태다.

사업별로 팀을 나누면 장점이 많다.

우선 커뮤니케이션 비용이 절감된다. 가령 옆자리에 앉은 기획자와 개발자가 이야기를 나누며 즉석에서 문제를 해결할 수 있다. 또 맡은 사업에 대한 책임감이 늘어난다. 연말마다 각 사업부는 다음 해에 어떻게 실적을 올릴지 고민하고 그만큼 팀으로서의 결속력이 강해진다. 그래서 기업은 일반적으로 사업별로 팀을 나눈다.

물론 코센처럼 직무별 조직구조를 선택하는 회사도 꽤 많다. 직원 30명 이하의 소규모 벤처기업은 코센과 마찬가지로 직무별로 팀을 나누는 게 보통이다. 벤처기업은 규모에 비해 일이 많고 또 어떤 일이 생길지 알 수 없다. 따라서 사업별로 나누지 않고 직무별로 팀을 갈라 그때그때 대응한다.

그러나 이미 본사에만 직원이 300명, 자회사를 합치면 500명을 훌쩍 넘는 코센 정도의 규모에서 직무별로 팀을 나누는 경우는 흔치 않다. 코센이 이런 조직구조를 이어온 이유는 신사업을 빠르게 벌이고 실행하기 위해서다. 외부에서는 조직이 커가는 과정에서 제대로 된 조직합리화를 이뤄내지 못했다고 볼 수도 있지만 말이다.

네 개 사업부 중 김기록 대표 직속으로 있는 곳은 기획뿐이다. 그리고 다른 회사처럼 신사업팀이 별도로 존재하는 게 아니라, 기획사업부 다수가 신사업에 손을 댄다. 기획사업부 직원은 100명이 넘는다.

이처럼 많은 직원이 여러 신사업에 투입될 수 있는 건 코센의 팀이 세세하게 분화되어 있기 때문이다. 사내 메신저에 등록된 최소 조직단위가 100개에 이를 정도다. 직원이 300명인 회사가 100개의 조직을 꾸리고 있으니 평균적으로 한 팀에 3명이 속하는 셈이다. 개중에는 10명이 넘는 팀도 있지만, 달랑 한 명만 있는 팀도 있다(당장 나부터 직급이 파트장인데 파트에 나 혼자 속해 이 책을 쓰고 사이트를 돌린다).

덕분에 코센은 다양한 사업을, 빠르게 많이 벌이고 있다. 만약 규모에 걸맞은 조직 합리화를 꾀했다면 아마 100인 정도 규모의 안정적인 회사 운영이 이어졌을 것이다. 그랬다면 메이크샵의 성공 이후 몰테일도 없었을 것이고 기타 다양한 부대사업을 추진하기도 힘들었을 터다. 어쨌든 현재 100개에 달하는 코센의 작은 팀은 모두 제2의 메이크샵, 제2의 몰테일을 만들기 위해 매진하고 있다.

아이디어가 아닌
'실행'으로 뭉친 회사

코센은 많은 신사업을 펼친다. 이건 코센의 직원들이 다른 회사 직원들보다 아이디어가 넘치고 기획력이 좋아서가 아니다. 따지고 보면 아이디어는 누구에게나 넘쳐난다. 당장 친구들과 술을 마시며 안주 삼아 씹어대는 얘기만 모아도 시트콤에 쓸 개그 아이디어 몇 개는 나온다. 단, 코센은 그런 아이디어를 정말로 실행한다. 그게 다른 회사와 코센의 차이다. 물론 직원들이 웬만해선 아이디어를 털어놓지 않는다는 점은 매한가지다. 그 이유는? 이래서다.

다른 회사 직원　사장님, 이런 아이디어는 어떨까요?

다른 회사 대표　네가 책임질 거야?

다른 회사 직원　……

코센 직원	사장님, 이런 아이디어는 어떨까요?
코센 대표	그래, 네가 해봐라.
코센 직원	……

다른 회사 대표	이런 아이디어는 어떨까?
다른 회사 직원	아, 그러면 일단 팀을 조직하도록 기획서를 제출하겠습니다.

코센 대표	야, 이 아이디어 어때?
코센 직원	(모른 척)
코센 대표	네가 하면 잘할 수 있을 것 같은데?
코센 직원	(모른 척)
코센 대표	네가 하는 거다. 알았지?
코센 직원	(한숨을 내쉰다)

　　오죽하면 코센 직원들은 일을 떠맡기 싫어서 아이디어를 털어놓지 않으려 할 정도이다. 하지만 술자리에서 편하게 이야기하다 보면 자연히 나오는 게 아이디어가 아닌가. 김기록 대표는 그 순간을 잽싸게 낚아챈다. 그런 식으로 코센은 각종 신사업을 벌여왔고 또 시원하게 말아먹기도 했다. 그래도 코센의 신사업은 마르지 않는 샘물처럼 솟아나고 있다.

　　코센의 신사업에서 가장 중요한 기준은 '하고 싶은 사업'이다.

직원이 하고 싶어 하는 일은 대개 잘할 수 있는 일이라 성공 가능성이 크다. 설령 실패할지라도 열정적으로 일하는 과정에서 무언가 얻을 확률이 높다. 무엇보다 일하는 직원이 행복하면 회사가 행복해진다.

그밖에 코센은 신사업을 벌일 때 '이 사업이 플랫폼이 될 수 있는가'를 따진다.

메이크샵과 몰테일이 그러했듯 코센은 단순히 소비자에게 제품 및 서비스를 팔기보다 더 많은 사람이 코센이 만든 플랫폼 위에서 경제활동을 하길 바란다. 여기에는 노동력을 추가로 투입하지 않아도 지속적으로 수입을 낼 수 있다는 이점과 그 자체로 다른 사업으로의 확장이 가능하다는 장점이 있다. 실제로 메이크샵과 몰테일은 하위에 여러 서비스를 두고 있다. 물론 이를 기반으로 또 다른 사업 확장이 가능하다.

김기록 대표는 메이크샵과 몰테일 역시 돈을 버는 서비스가 아니라 또 다른 사업의 기반으로 본다. 사실 메이크샵은 한국의 수많은 온라인 쇼핑몰의 플랫폼이고 몰테일은 한국과 세계를 잇는 통로다. 코센은 그 기반을 통해 계속해서 또 다른 신사업을 열어가고 있다. 이들 사업 중 메이크샵과 몰테일처럼 성공한 몇몇 사업은 또 다른 메이크샵과 몰테일, 즉 플랫폼이 되어 신사업을 이끌 것이다.

코센의 정신, 거리를 좁혀라

코리아센터닷컴은 '한국(코리아) 무역의 중심(센터)'이 되겠다는 생각으로 지은 이름이다. 그런데 김기록 대표는 15년이 지난 지금 사명에 대한 생각을 조금 바꿨다.

"예전에는 중심이 되어 모든 것을 집중시켜야 한다고 생각했어요. 그런데 사업을 하다 보니 중요한 것은 중심으로 모으는 게 아니라 거리를 좁히는 것이더라고요. 메이크샵은 인터넷을 통해 소비자와 상점 간의 거리를 좁혔어요. 몰테일도 이전에 아주 멀던 미국 쇼핑몰과 한국 소비자 간의 거리를 좁혔죠. 플랫폼 비즈니스의 성패는 거리를 좁히는 것에 달려 있다고 봐요. 메이크샵과 몰테일이 크게 성공할 수 있었던 이유는 연결하고자 하는 이들과 연결을 원하는 이들의 거리를 극단적으로 좁혔기 때문이지요."

코센은 2015년까지 메이크샵과 몰테일에 이은 제3의 서비스, 제4의 서비스가 자리 잡도록 하기 위해 여러 서비스를 운영하고 있다. 이들 역시 목표는 메이크샵과 몰테일처럼 거리를 좁히는 데 있다. 이들 중 대표적인 서비스 세 개는 다음과 같다.

서비스명	목표	아이템
메이크글로비	한국 쇼핑몰과 외국인의 거리를 좁히자.	한국 쇼핑몰 다국 언어화
팟빵	팟캐스트 제작자와 청취자의 거리를 좁히자.	팟캐스트 포털
셀포스	온라인 쇼핑몰과 오프라인 상점의 거리를 좁히자.	쇼핑몰과 오프라인 상점 재고 통합 관리

2014년 현재 실질적으로 가동 중인 신사업은 열 개 이상이다. 코센이 일을 벌이는 걸 좋아한다는 것은 알고 있지만 어쩐지 오지랖이 너무 넓어지는 듯한 느낌이다. 이들 모두가 성공한다면 코센은 즉각 IT업계의 대기업으로 자리매김할 수 있을 것이며, 한두 개만 성공해도 지금까지의 빠른 성장을 지속할 수 있을 터다. 다 실패한다면? 김기록 대표는 이렇게 답한다.

"그러면 다른 일을 하면 되지요."

쇼핑몰의 한류, 메이크글로비

"우리나라 사람들이 잘해요. 경제도 잘하고 문화도 잘하고 영화도 잘하고 한국 사람들이 외국 나가보니까 못하는 게 없는데, 전화기도 잘 만들고 차도 잘 만들고 배도 잘 만들고 못하는 게 없는데……."

고 노무현 대통령의 연설 중 일부다. 틀린 말이 아니다.

물론 한국 자체의 인지도는 그리 높지 않아 해외에 나가 "I'm from Korea."라고 하면 "North?"라는 말을 듣기 십상이다(어찌됐든 북한이 인지도는 앞선다. 핵으로 위협도 하고 전 세계가 의아해하는 대물림 독재자도 있고……). 그렇지만 한국은 '코리아'라는 국가 네임보다 상품 인지도가 더 높다. 휴대전화, 자동차, 게임, 드라마, 케이팝 등 다양한 분야에서 한국의 제품과 서비스는 인정을 받고 있다.

하지만 한국 쇼핑몰의 해외 진출은 지지부진했다. 그래서 코센은 여기에 도전장을 내밀었다. 메이크샵을 활용하면 한국의 쇼핑몰을 끌어들일 수 있고, 몰테일의 물류망을 이용하면 배송이 쉬웠던 까닭이다. 문제는 언어였다. 코센은 이전부터 결제창을 다개국어로 표기하는 서비스를 제공했다. 덕분에 쇼핑몰 측에서는 별도의 비용을 들일 필요가 없었고 이 서비스는 쇼핑몰 운영자들에게 환영을 받았다.

이를 통해 월 매출 억대를 기록한 쇼핑몰도 일부 등장했지만 대부분의 쇼핑몰에는 별다른 변화가 없었다. 쇼핑몰 측에서는 손해 볼 것이 없고 고객은 불만을 제기하지 않으면서 평안한 시간이 흘러가던 그때 느닷없이 변화를 위한 두 가지 계기가 발생했다. 하나는 몰테일의 성공이고 다른 하나는 한류 붐이다.

배송대행 서비스, 몰테일의 성공은 단순히 코센뿐 아니라 국내 인터넷 쇼핑의 패러다임을 바꿀 정도로 큰 영향을 주었다. 해외직구에 대한 소비자의 니즈는 언제나 존재했다. 다만 편하고 안전하게 믿고 구매할 수 있는 서비스가 존재하지 않았던 것뿐이다. 그때 역으로 코센은 한국 제품에 대한 외국인의 니즈도 존재할 수 있다고 생각했다. 마침 한류 붐이 일어나 한국 선호도가 높아지면서 가능성은 더욱 커 보였다. 그래서 등장한 서비스가 바로 메이크글로비다.

메이크글로비는 3개국 언어, 즉 영·중·일어를 접속 지역에 따라 다르게 표기했다. 동남아 쪽은 영어와 중국어가 가능한 쪽이 구매력이 있었고, 유럽인은 번역기만으로도 해석이 가능했기에 실질적인 구매층을 세계적으로 흡수할 수 있었다. 이를 통해 코센은 기존처럼 한개 언어만 제공할 때보다 훨씬 더 넓게 잠재고객을 확보하게 되었다.

해외쇼핑몰 구축을 위한 메이크글로비 페이지

여기에다 이베이, 라쿠텐, 타오바오왕 등 해외 유수의 쇼핑 포털 혹은 오픈마켓과의 제휴로 그간 겪어온 홍보 문제를 해결했다. 그전까지는 외국어로 쇼핑몰을 열어도 검색에 의존해야 했지만, 이제는 자동으로 한국의 옥션이나 G마켓 같은 해외의 오픈마켓에 올릴 수 있다. 덕분에 메이크글로비를 이용하는 쇼핑몰 업체 수와 매출이 빠른 속도로 늘어나고 있다.

메이크글로비가 꿈꾸는 모델은 단순히 한국 쇼핑몰의 물건을 해외로 파는 게 아니다. 거기에 더해 몰테일에 반대되는 배송대행 형태, 즉 물류라인을 확립하는 일이다. 이제 해외의 물건을 해외 쇼핑몰에서 구입하는 사람들은 대개 몰테일을 이용한다. 이에 따라 코센은 규모의 경제를 확립해 LA와 뉴저지에 대형 물류센터를 지었고 계속해서 경쟁력을 키워 나가고 있다.

한국에서 해외로 나가는 물건이 많다면 한국에도 코센의 독자적인 물류라인이 분명 성립될 것이다. 이처럼 몰테일과 메이크글로비가 함께하며 한국 무역의 중심라인을 구축하는 것이 코센의 궁극적인 로드맵이다.

셀피아와 셀포스

쇼핑몰을 관리하다 보면 일반 오프라인 매장과 마찬가지로 재고 문제가 생기게 마련이다. 코센은 이를 해결해줄 서비스를 메이크샵이 아닌 외부 서비스를 통해 제공받고 있었다. 당시 메이크샵에 물류와 재고 관리 기능이 부족한 것을 보고 몇몇 중소업체가 해당 시장을 공략했다. 이는 쇼핑몰 운영자들이 메이크샵과 함께 재고관리 서비스를 별도로 사용했다는 것을 의미한다.

몇 년간은 그럭저럭 상생이 가능했다. 별도의 서비스를 쓰다 보니 간혹 뭔가가 엇나가기도 했지만 큰 문제는 없었다. 원래 세상 서비스라는 것이 몸에 맞는 옷이 나오기 전까지는 옷에 몸을 맞춰야 하지 않던가.

그런데 어느 날 갑자기 문제가 생겼다.

하필이면 경쟁사 C사가 자사 쇼핑몰 솔루션에 재고관리 기능을 탑재한 것이다. 솔직히 코센이 양심 때문에, 즉 '골목상권 침해' 같은 이유로 재고관리 서비스를 만들지 않은 건 아니다. 굳이 그런 기능을 넣지 않아도 메이크샵 사용자들이 별 불만을 표시하지 않았기 때문이다. 그러나 경쟁사에서 더 앞선 기능을 넣는다면 얘기는 달라진다. 이젠 경쟁사에서 제공하는 기능은 물론 그보다 더 나은 기능까지 제공해야 했다. 원래 역사는 이렇게 발전하는 것이 아니겠는가.

후속주자가 누릴 수 있는 이점 중 하나는 기존 서비스가 제공하지 못하는 문제를 해소해줄 수 있다는 것이다. 당연히 코센의 경쟁사 C사는 그 부분을 잘 알고 있었다. 그러면 이쪽에서도 얼른 개선하면 되지 않느냐고? 말이 쉽지 나온 지 몇 년 된 서비스를 잘못 건드리면 잘 굴러가던 시스템마저 죽어버리기 십상이다. 그렇지 않다면 다음이랑 네이버가 왜 그토록 변화가 없었겠는가(오래돼서 건드리기 힘든 사이트를 유식하게 표현하면 '레가시 사이트 legacy site'라고 한다).

그래서 탄생한 서비스가 셀피아다.

셀피아는 메이크샵과 별도로 제공되는 동시에 연동이 가능해서 기존의 메이크샵 사용자들에게 호평을 받았다. 사실 기존의 외부 서비스들은 메이크샵과 깔끔하게 연동되지 않아 쇼핑몰 운영자들이 불편을 느끼고 있었다. 셀피아는 메이크샵과 완전히 연동돼 상품관리는 물론 재고와 물류 관리까지 가능했다. 여기에다 연동된 부분에 대한 고객 상담까지 제공했으니 메이크샵 사용자들이 기뻐하는 것은 당연했다.

통합 관리를 하는 게 왜 좋은지 얼른 감이 오지 않는가? 한마디로 그게 없으면 종종 피곤한 일이 생긴다. 주문을 할 때 사람들은 보통 다양한 요구를 한다. 예를 들면 다섯 개 중 세 개는 A로, 두 개는 B로

재고 통합관리 솔루션 셀피아 서비스

보내달라고 할 때도 있고, 더러는 이틀 뒤에 배송해달라고 요구하기도 한다. 구멍가게야 그냥 장부에 적당히 적어놓으면 그만이겠지만 규모가 커지면 얘기는 달라진다.

아무리 컴퓨터 성능이 뛰어나고 솔루션 프로그램이 있더라도 구매 결정 단계부터 최종 배송까지 모든 단계가 통합적으로 엮이지 않으면 문제가 발생할 수밖에 없다. 그럴 때 셀피아가 제공하는 통합 관리는 큰 도움을 준다. 예를 들면 물건 출하 1분 전에 취소된 건까지 바로 처리되니 말이다.

여기서 끝났다면 그저 통합 물류관리 서비스를 제공하는 것으로 그쳤겠지만, 코센은 또 다른 시장을 바라봤다. 바로 오프라인 시장이다. 예전에는 보통 오프라인 매장을 가진 사람들이 온라인 시장으로 진출했다. 어차피 물건을 파는 김에 온라인 매장을 열면 추가수입이 가능할 거라는 계산을 했기 때문이다. 하지만 점점 온라인 시장이 커지면서 정반대의 현상이 일어나기 시작했다. 오히려 온라인에서 성공한 사람들이 오프라인 매장을 내기 시작한 것이다.

여기에는 세 가지 장점이 있다. 먼저 어느 정도 포트폴리오를 분산시키며 사업의 안정성을 꾀할 수 있다는 점이다. 또 매장이 있으므로 자연스럽게 홍보 효과를 누리고, 오프라인을 통해 추가매출을 올릴 수 있다.

실제로 잘나가는 쇼핑몰 업체 중 상당수가 오프라인 매장을 운영하고 있고, 또 온라인에서의 입소문을 바탕으로 상당한 매출을 올리고 있다. 쇼핑몰이 처음 등장할 무렵 입소문을 통해 다수의 쇼핑몰이 생겨났듯, 2010년 전후로 쇼핑몰의 오프라인 매장에 대한 입소문이 퍼지면서 대형 쇼핑몰을 중심으로 오프라인 매장을 내는 게 유행했다.

그런데 쇼핑몰 운영자들은 여기서 또 하나의 불편을 겪게 되었다. 오프라인 매장을 냈는데 지금까지의 쇼핑몰 관리 솔루션으로는 온오프라인 통합 관리가 되지 않았던 것이다. 셀피아를 통해 온라인에서의 통합 관리는 가능했지만 오프라인까지는 연동되지 않았다. 그래서 온라인과 오프라인을 따로 관리해야 했는데, 오프라인 매장을 내는 곳은 대개 매출 규모가 큰 편이라 번거로움이 많았다.

코센은 이것을 또 하나의 기회로 바라보았다. 이때 등장한 것이 온오프라인 재고관리 통합 시스템인 셀포스다. 이것은 오프라인 매장에서 단말기로 바코드를 찍어 매출이나 환불이 일어나는 순간, 그 기록이 온라인 관리 시스템과 호환되는 것을 골자로 한다.

이를 위해 코센은 POS 시장으로 눈을 돌렸다. POS 시장은 2010년 이후 시장 매출액이 1,500억 내외로 고착된 레드오션으로 평가 받고 있다. 이에 POS 관련 업체들은 스마트 기기의 확산으로 아이패드, 안드로이드 태블릿을 활용한 POS 시장과 NFC(Near Field Communication: 10센티미터의 가까운 거리에서 단말기 간에 데이터를 전송하는 기술. 예를 들면 교통카드)를 이용한 POS 단말기 시장으로 눈을 돌리고 있다. 하지만 소프트웨어 기반으로 성장한 코센의 접근법은 달랐다. 태블릿과 NFC의 흐름을 좇지 않고, 온라인에서 오프라인으로의 확장 통합에 초점을 맞춘 것이다.

앞으로 셀포스가 레드오션에서 자리를 잡지 못하고 무너질지 아니면 니치마켓에서 점점 규모를 키워 또 다른 유망사업이 될지는 알 수 없다. 만일 나에게 배팅을 하라면 전자에 걸겠지만 메이크샵이나 몰테일이 처음에 그랬듯 코센은 언제나 후자에 걸었고 아마도 그 스타일은 변치 않을 것 같다.

팟빵

2012년 총선과 대선에서 〈나꼼수〉는 그 어느 미디어도 갖지 못한 '이슈성'으로 주목을 받았다. 단 하나의 팟캐스트가 공중파 뉴스 이상의 관심을 끌면서 미디어 관계자들은 앞 다퉈 팟캐스트 시대가 왔다고 떠들어댔다. 그때 안드로이드 사용자의 사소한 불평이 있었다. 〈나꼼수〉가 아이폰 사용자만 바로 들을 수 있는 아이튠즈에 업로드 됐기 때문이다. 안드로이드 사용자는 누군가가 인터넷에 올린 걸 다운로드 받아야 했고 업로드 알림도 받을 수 없었다.

그렇다면 아이폰을 사용하지 않는 PC와 안드로이드 사용자를 위한 팟캐스트 포털을 만들면 어떨까? 이 단순한 아이디어로 시작된 아이템이 팟빵이다.

모든 팟캐스트를 들을 수 있는 팟빵 서비스

오스트리아 최초의 여성 건축가 리호츠키는 "단순한 것이 늘 최고는 아니지만 최고는 늘 단순하다."라고 말했다. 사람들은 복잡한 것을 좋아하지 않는다. 지금까지 성공한 IT 서비스는 대개 그 내용을 한

줄로 설명할 수 있다. 또한 사용법도 매우 단순하다. 예를 들어보자.

아이튠즈 : 원하는 음악을 편하게 구매할 수 있다.

구글 : 검색을 통해 찾고 싶은 정보를 얻을 수 있다.

카카오톡 : 친구와 언제 어디서든 대화할 수 있다.

네이버 : 모든 인터넷 서비스를 즐길 수 있다.

다나와 : 제품의 성능과 가격을 비교해 싸게 살 수 있다.

메이크샵 : 쇼핑몰을 편하게 만들고 관리할 수 있다.

몰테일 : 해외에서 파는 상품을 저렴하고 안전하게 살 수 있다.

팟빵 역시 '한국의 모든 팟캐스트를 들을 수 있다'라는 단순한 생각으로 시작했고 그것은 적중했다. 물론 위기도 있었다. 대선 때는 〈나꼼수〉 팟캐스팅을 생방송으로 진행하며 이슈몰이를 했지만, 이후 인기가 조금씩 수그러들었다. 그리고 팟캐스트가 되살아난 건 대선 2~3개월 후의 일이었다. 〈이박사와 이작가의 이이제이〉, 〈주간 서형욱〉, 〈퍼스트 피치 by 다니엘 킴〉 등 각 분야의 전문가가 인기를 끌면서 팟빵의 인기는 더욱 높아졌다. 이들의 인기는 이제 메이저 방송에서의 반응으로 알 수 있다. 가령 영화 팟캐스트 〈시네타운 나인틴〉은 2013년 12월 21일부터 공중파 라디오 전파를 탔다. 팟캐스트가 인기를 끌자 그것이 SBS 라디오 파워FM에 정식 편성된 것이다.

더불어 유명인들이 직접 팟캐스트를 제작하는 사례가 줄을 잇고 있다. 개그맨 유세윤, 장동민, 유상무는 팟캐스트 〈옹꾸라(옹달샘의 꿈꾸는 라디오〉를 직접 기획 및 제작하고 있다. 〈옹꾸라〉는 이들이 MBC에서 진행하던 라디오 프로그램명이다. 그것은 시청률과 일정 등의 문제로 7개월 만에 하차했으나 그 아쉬움을 팟캐스트로 풀게 됐다. 최근에는 배우 장근석도 〈직진 라디오〉라는 팟캐스트를 직접 기획 및 제작하고 있다. 장근석이 팬들의 사연을 받아 청취자들과 진솔한 토크를 나누는 이 팟캐스트는 톱스타가 아닌 인간 장근석의 진솔한 매력으로 청취자들을 사로잡았다. 〈직진 라디오〉는 전 세계적으로 50만 다운로드 기록을 세워 '한류 스타'로서 장근석의 인기를 실감케 했고, 일본의 팟캐스트 예술 분야에서 1위를 석권하는 기염을 토하기도 했다.

문제가 하나 있다면 그처럼 인기를 끌수록 팟빵에 적자가 누적된다는 점이다. 그렇지만 김기록 대표는 불만이 없다. 오히려 팟빵에 적극적으로 투자해 적자를 더 키우고 있다. 왜냐하면 소비자는 콘텐츠를 기반으로 한 서비스에 대해 충성심이 높다는 것을 알기 때문이다. 김기록 대표는 우선 사용자를 확보해두면 사용자 수와 충성심을 기반으로 얼마든지 수익모델을 만들 수 있을 거라고 생각하고 있다.

그 상징 중 하나가 팟캐스트 스튜디오다. 이곳에서는 한 시간에 5천 원만 내면 녹음이 가능한 스튜디오를 제공한다. 시간당 5천 원으로는 관리비도 남지 않지만, 코센은 팟캐스트 제작자들에게 편의를 제공하고 그들과 네트워크를 맺으면 더 큰 사업으로 키워 나갈 수 있을 거라고 생각한다. 여기에 그치지 않고 코센은 2015년을 겨냥해 홍대에 별도의 스튜디오를 준공 중이다. 이곳은 단순히 팟캐스트 녹음을 진행하는 데 그치지 않을 전망이다. 예를 들면 라이브 방송 진행, 인디밴드

콘서트, 북 콘서트 등 다양한 문화 공간으로 가꿔갈 계획이다. 팟빵의 총책임자 김동희 실장은 이렇게 말한다.

"아부하는 게 아니라 사장님의 힘이죠. 일반적으로 웹서비스는 철수가 용이해요. 고정비용이 적고 치고 빠지기가 쉽잖아요. 그래서 만들 때부터 퇴로를 신경 쓰는 경우가 아주 많답니다. 퇴로를 만들지 않으면 나중에 빠지기 힘들기 때문이죠. 저도 IT 업계에 20년 가까이 몸담고 있지만 사장님이 대단해 보이는 게, 사장님은 애초에 서비스를 보는 기간이 다른 사람에 비해 굉장히 길어요. 최소 2년은 보고 하니까 팟빵이 계속해서 커 나갈 수 있는 거죠. 전 이게 우리 회사의 핵심 역량 중 하나라고 생각해요. 말은 쉬워도 적자를 감수하고 투자하는 게 얼마나 힘든지 사업을 해본 사람은 알거에요."

여전히 위기인 코센

코센의 재무 상태는 나쁘지 않다. 몇 차례의 위기가 있었으나 매년 매출이 꾸준하게 오르고 있고, 부채가 있다 한들 건물 매입을 위한 것으로 현재 재무 상태로 충분히 버틸 수 있는 수준이다. 그래서 그 여력으로 계속해서 신사업에 도전할 수 있는 것이고, 앞에서도 나왔지만 김기록 대표는 직원들이 이끄는 다양한 사업의 연결고리 역할을 하고 있다.

이러한 사업 형태는 지금까지 코센을 키워오는 중심적 역할을 했다. 하지만 이는 동시에 코센에게 또 다른 위협으로 다가오고 있다.

코센의 첫 번째 걱정은 언제까지 마당발 사장이 가능한가이다. 지금 코센은 직원이 300명을 넘었다. 지사를 포함하면 500명이 넘는다. 이 많은 인원들의 업무를 하나하나 파악하는 건 이미 불가능에 가깝다. 그럼에도 김기록 대표는 벤처기업 버릇을 여전히 버리지 못하고, 모든 팀의 업무를 파악하려 하고 있다. 대표가 회사 일에 관심을 가지는 건 직원들 독려차원에서 좋지만, 동시에 노이즈도 발생시키기 마련이다.

두 번째 걱정은 언제까지 벤처기업식 구조를 유지하는가이다. 여전히 코센은 메이크샵, 몰테일 등 사업 영역으로 팀을 나누지 않고 기획, 마케팅, 개발, 관리부서로 나뉘어져 있다. 객관적으로 말해 이는 대형 사업을 굴리는 데는 그다지 적합하지 않다. 코센은 여전히 빠르게 의사소통을 해서 신사업을 진행하거나 사업을 확장하기 좋은 벤처기업의 구조를 유지하고자 한다. 하지만 사업의 규모는 계속해서 커지고 있고, 이를 언제까지 잘 버틸 수 있을지 의문이다.

그리고 이미 시스템을 전환할 때 드는 비용조차 만만하지 않을 정도로 회사 규모가 커진지라, 이 두가지 걱정은 이제는 언급조차 되지 않고 있다. 그렇다고 걱정조차 안하는 것은 아니다. 사석에서 직원들은 과연 코센이 이런 방식으로 계속해서 나아갈 수 있을지 의문을 표하고는 한다. 때로는 언젠가 바뀌어야 한다면 좀 일찍부터 준비하는 게 좋지 않은가 하는 이야기도 있다.

이런 구조적 문제도 있지만, 더 큰 문제는 현재 주력 사업이 계속해서 업계를 리드해나갈 수 있는가에 대한 우려이다. 쇼핑몰 창업을 도와주는 메이크샵은 이미 시장이 어느 정도 자리 잡아서 지금과 같은 지위를 유지할 수 있을 것으로 보인다. 하지만 몰테일은 다르다. 계속해서 해외 직구를 원하는 사람들이 늘어나며 배송대행 서비스 업체도 빠르게 늘어가고 있다. 이 중에는 대기업도 있어, 계속해서 코센이 규모의 우위와 선도자의 우위를 지켜나갈 수 있을지 코센도 고민이 많다.

과연 코센은 지난 15년 간 그랬던 것처럼 지속적으로 성장할 수 있을까? 여기에 대해서는 아무도 모른다. 처음 시작할 때부터 누구도 성공할 거라 이야기하지 않은 모델이 여기까지 컸다. 그때 지금의 모습을 예측한 사람은 없었던 것처럼, 앞으로의 모습 역시 누구도 예측하지 못할 것이다. 그 과정에서 코센은 많은 것을 얻을 것이며 또 많은 것을 포기해야 할 것이다.

분명한 것은 회사의 형태가 어떻든 코센은 지금과 완전히 다른 회사가 되어 있을 것이다. 그렇지만 언제나 환경에 적응해 나가며 다양한 사업에 도전하는 코센의 DNA는 계속해서 남아있을 것이다. 그리고 그 적응을 위한 신사업 역시 계속될 것이다.

이승환   책이 끝났어요! 짝짝짝······.

김기록   얼마나 팔릴까?

이승환   실패해도 된다면서요?

김기록   말이 그렇다는 거지.

이승환   ······

김기록   여긴 회사고 나도 사장인데.

이승환   신사업을 참 많이도 진행했네요?

김기록   그렇지. 솔직히 나도 잘 기억나지 않는······.

이승환   신사업을 여럿 펼치는 게 좋은 경영이라 생각하는 겁니까?

김기록   그거야 모르지. 내 생각에 IT 업계에서는 괜찮다고 생각하는데, 다른 업종에서 잘될지는 모르겠고······. 심지어 우리 회사도 운이 좋아서 된 것일 수도 있으니까. 15년밖에 안 된 회사가 이렇게 해야 한다, 저렇게 해야 한다고 하는 것도 웃긴 이야기고.

이승환   그래도 신사업을 엄청나게 펼치는 건 그 나름대로 철학이 있으니 그런 거 아닙니까?

김기록   음, 뭐랄까. 나는 결국 '살아남은 자가 강한 자'라는 말에 동의하고, 그렇다면 '어떻게 살아남아야 하는가'가 항상 화두여야 한다고 봐. 그래서 진화에 관심을 갖고 있는데 가만 보면 인간만큼 특이한 동물이 없어. 애를 거의 안 낳잖아? 거기다 1년 가까이 임신하고 애지중지 길러. 사람 몫을 좀 하려면 10년씩 걸리지. 그런 인간이 지금 지구를 지배하고 있고…….

이승환   네. 하던 말씀 계속 해주시죠.

김기록   과연 인간이 최강자일까? 진화 면에서 보면 그렇지 않아. 최강자는 수억 년 전부터 살아남은 곤충이지. 곤충이 어떻게 지금까지 살아남았을까? 그건 인간과 완전히 다른 방식이야. 알을 수십, 수백 개를 뿌려.

이승환   만물의 영장 호모 사피엔스가 고작 곤충만 못하다는 것입니까?

김기록   아니, 그런 이야기가 아니고. 둘 다 환경 변화에 잘 적응하는 방식으로 진화했다는 거지. 곤충은 머리가 좋지 않으니까 환경 변화에 적응하기가 힘들잖아. 재수 없이 지진 한 번 일어나면 바로 멸종이지. 그러니까 돌연변이가 많이 일어나도록 개체수를 늘리는 게 이득이고, 반대로 인간은 머리가 좋으니까 소수라도 잘 키우는 게 이득인 거고.

이승환   그래서 결론이 어떻게 되는건가요?

김기록   사업도 마찬가지라는 거야. 코센은 곤충 같은 방식으로 진화했지만, 15년이라는 시간은 이 방식이 옳다고 하기엔 너무 짧은 시간이란 거지. 다만 코센은 지금까지 이렇게 해왔다는 것, 뭐 그 정도야.

이승환   실패한 사업이 꽤 많고 성공한 건 극소수입니다. 다 잘될 거라 생각했습니까?

김기록   그럼. 난 다 성공할 거라는 생각으로 손댄 거야.

이승환   전에는 실패하는 게 오히려 합리적이라면서요.

김기록   확률이랑 감은 달라. 그렇지 않으면 뭐 하러 손을 댔겠어. 무조건 된다는 생각으로 시작해야지, 불안해하면 될 일도 안 돼. 중요한 건 실패했다고 해서 직원 책임으로 돌리지 않고 경험을 살릴 수 있도록 또 다른 기회를 마련해주는 거야. 수퍼셀이라는 회사는 실패하면 오히려 파티를 한다고 하더라고. 우린 그럴 여유까지는 없지만 실패한다고 뭐라 하지는 않잖아. 이 책을 내는 것도 그냥 회사에 소중한 경험이 될 것 같아서지. 책으로 벌어봐야 얼마를 벌겠어? 근데 이 일에 투입된 너나 또 다른 직원들이 배우는 게 있으면, 그게 나중에 다 회사에 돌아온다는 생각으로 하는 거지.

이승환   사업 성공을 '소 뒷걸음으로 쥐잡기'라고 표현하는데, 정말 그렇게 생각합니까?

김기록   응. 그래도 뒷걸음치다가 잡는 건 아니지.

이승환   그럼 정밀하게 계산해서 밟는 겁니까?

김기록   그렇다기보다 쥐를 데리고 노는 거지. 계속해서 밟다 보면 쥐의 패턴이 보이고……. 사업도 일을 많이 벌이고 그걸 계속하면서 조금씩 수정하다 보면 잘될 수도 있는 거고, 안 되면 마는 거고…….

이승환   톰과 제리도 아니고 정말 와 닿지 않는 비유로군요.

김기록   다른 비유를 하자면 사업은 완성도면이 없는 직소 퍼즐과 같아. 처음부터 완성도면이 있으면 만들기 쉽지만 그런 건 존재하지 않아. 사업계획서와 기획서는 '어떻게 하면 조각난 퍼즐을 잘 맞춰 나갈까?'에 대한 것이지, 퍼즐의 완성도면이 아니야. 그냥 대략적인 그림을 그리고 계속해서 직소 퍼즐을 맞출 뿐이지. 어떤 결과물이 나올지 모르는 상태에서 조각을 하나하나 대보며 맞춰 나가는 수밖에 없지.

이승환   그렇다면 퍼즐을 잘 맞추는 데, 그러니까 사업을 성공적으로 확립하는 데 필요한 것은 무엇일까요?

김기록   시간. 시간에 쫓기면 될 일도 안 돼. 완성도면이 없는 직소 퍼즐을 끝까지 맞추는 건 원래 어려운 일이야. 사업도 완성도면이 없으니 당연히 어렵지. 내가 할 수 있는 건 아무리 그림이 그려지지 않아도 포기하지 않고 계속해서 출구 찾기를 권하는 거야.

이승환   그래도 완성도면은 있어야죠. 코센은 기획사업부가 가장 큰데 정작 기획은 하지 않고 노가다만 한다는 느낌이 강하지 않습니까?

김기록   실행이 곧 기획이야. 사실 기획서는 그대로 따르려고 만드는 게 아니라, 그냥 시장을 한번 둘러보려고 만드는 거지……. 시장에서 직접 사업을 하면서 몸으로 느끼는 게 진짜 시장조사야. 인터넷 사이트나 뒤지고 하면 그냥 뻔한 소리밖에 안 나와. 남들이 다 아는 거니까.

이승환   권하는 게 아니라 속된말로 갈구는 거 아닙니까?

김기록   그렇지.

이승환   ……

김기록   아무튼 시간은 중요해. 갑자기 튀어나오는 서비스는 별로 없어. 페이스북도 시작한 지 10년이 다 되어가고, 카카오톡도 2006년에 시작했어. 4년간 히트 서비스를 내놓지 못하다가 카카오톡이 뜨면서 아무도 모르던 회사가 세계적인 회사로 재탄생한 거지. 그때까지는 직원을 믿고 사업에 관심을 기울이며 지켜보는 수밖에.

이승환   아니, 마크 저커버그는 하버드 출신 천재 개발자고, 카카오톡의 배경에는 무려 한게임을 이끈 김범수 의장이 있는데, 어찌 감히 사장님이 그들과 비교를……

김기록   ……

이승환   마지막 질문. 그렇다면 코센의 최종 목표가 뭡니까?

김기록   세계 정복?

이승환	......
김기록	좀 오버이긴 한데 계속해서 확장해 나간다는 점에서는 똑같아. 몰테일에서 중요한 건 회원 비즈니스라는 점, 물류 유통이라는 점 그리고 이를 기반으로 한 데이터가 있다는 점이야. 이걸 가지고 다양한 사업을 전개할 수 있지.
이승환	그렇게 초롱초롱한 눈으로 말씀하시니 장밋빛 미래를 꿈꾸는 20대 같지 말입니다.
김기록	......

MakeShop®

004

결

김기록 대표의
변

회사의 역사를 책으로 엮자는 이야기를 처음 들었을 때 사실 손사래를 쳤습니다. 아직은 성공했다고 말할 만한 기업도 아니고 긴 역사를 자랑하는 기업도 아니기 때문입니다.

그럼에도 생각을 바꾼 이유는 코리아센터닷컴이 이룬 업적이 대단치는 않아도 충분히 의미와 가치를 지니고 있다고 여겨서입니다. 우선 메이크샵을 통해 적은 비용으로 많은 쇼핑몰이 들어섰고, 덕분에 사람들은 오프라인 매장을 이용하지 않고도 싸고 쉽게 물건을 구입할 수 있게 됐습니다. 또 몰테일은 국내에서 구할 수 없는 물건, 그동안 비싸게 구입해야 했던 해외 물건을 훨씬 싸게 구입할 기회를 제공합니다. 둘 다 작지만 의미 있는 사업입니다.

책을 내보자는 제안이 들어왔을 때 두 가지를 부탁했습니다.

하나, 절대로 성공한 기업가 혹은 청년 사업가의 멘토 같은 수식어로 포장하지 말라는 것입니다. 그렇다고 코리아센터닷컴이 어디에 내놓지 못할 만큼 부끄러운 기업은 아니지만, 여기까지는 운도 많이 따랐습니다. 짧은 직장생활에서 만난 상사의 도움, 15년간 코리아센터닷컴을 운영하며 함께한 동료들 그리고 우리의 서비스를 믿고 써주는 고객이 없었다면 코리아센터닷컴은 여기까지 올 수 없었을 것입니다. 결코 대표 혼자의 능력이나 식견으로 성장한 게 아닙니다.

둘, 회사의 성장사를 가식 없이 있는 그대로 담으라는 것입니다. 물론 회사 사정상 공개할 수 없는 부분도 있겠지만 중요한 의사결정 과정을 가감 없이 공유하고 싶어서입니다. 다른 기업들도 유사한 문제에 부딪쳐 의사결정을 하느라 고심했을 테고 또 고심할 것이기 때문입니다.

'일'이라는 것은 본래 문제해결의 연속입니다. 여러분이 부딪힌 문제 혹은 부딪힐 문제를 해결할 때 이 책이 조금이라도 도움이 되었으면 하는 바람입니다.

되새김질을 해보니 부끄러움이 가득한 글입니다. 그나마 만족스러운 점이 있다면 한국 IT계 역사에서 흔히 간과하는 '전자상거래' 역사가 그려져 있다는 것입니다. 한국에서는 일부 대형 IT기업만 주목받고 있으나 사실은 각 분야마다 많은 IT인이 자부심을 갖고 일하고 있습니다. 그들의 수고로움이 보다 나은 세상을 만들어가고 있다는 사실이 이 책을 통해 조금이라도 더 많이 전해졌으면 합니다.

코센 직원들, 나아가 모든 IT인들이 꿈을 실현하는 그날을 그

립니다.

지금까지 그래왔듯 계속 노력하겠습니다. 감사합니다.

김기록	내 글 괜찮지 않냐?
이승환	쓸 수 있는 문장이 몇 개 안되어서 제가 다 새로 쓴 거예요.
김기록	······
이승환	······

메이크샵에서 몰테일까지

히든 챔피언

초판 1쇄 발행 | 2014년 3월 28일

지은이 | 이승환
펴낸이 | 김기록
펴낸곳 | AppBooks(앱북스)

출판등록번호 | 제2010-24
주소 | 서울 금천구 가산동 371-28 우림라이온스밸리 A-1401
대표전화 | 02-6903-9519
팩스 | 02-2026-5315
홈페이지 | www.appbooks.net
이메일 | help@appbooks.net

ISBN 979-11-85618-03-6
가격 13,000원

※이 책은 저작권법에 따라 보호받는 저작물이므로 무단전재와 무단복제를
　금지하며, 이 책 내용의 전부 또는 일부를 이용하려면 반드시 저작권자와
　AppBooks(앱북스)의 서면동의를 받아야 합니다.
※본 저작물에 대한 저작권 및 소유권은 ㈜코리아센터닷컴에 귀속됩니다.
※이 도서의 국립중앙도서관 출판시도서목록(CIP)은 서지정보유통지원시스템
　홈페이지(http://seoji.nl.go.kr)와 국가자료공동목록시스템(http://www.nl.go.
　kr/kolisnet)에서 이용하실 수 있습니다.(CIP제어번호: CIP2014008059)